Kate Reiserer

Vier Übersetzerinnen und ihre neun Ehemänner

Transkulturalität – Translation – Transfer, Band 51
Herausgegeben von
Dörte Andres / Martina Behr / Larisa Schippel / Cornelia Zwischenberger

Kate Reiserer

Vier Übersetzerinnen und ihre neun Ehemänner

Ehe und Übersetzung in der Romantik

Frank & Timme
Verlag für wissenschaftliche Literatur

Umschlagabbildung: Kate Reiserer

ISBN 978-3-7329-0755-7
ISBN E-Book 978-3-7329-9211-9
ISSN 2196-2405

Herstellung durch Frank & Timme GmbH,
Wittelsbacherstraße 27a, 10707 Berlin.
Printed in Germany.
Gedruckt auf säurefreiem, alterungsbeständigem Papier.

www.frank-timme.de

Der Tag, an dem ich nichts gethan habe ist mir ein trauriger Tag.

Georg Forster (GFW 14 1978b: 546)

Inhaltsverzeichnis

1 Einleitung: Ehe und Übersetzung in der Romantik

Die Epoche der Romantik beginnt an der „blutigen Grenze zwischen Vergangenheit und Zukunft" (zit. nach Langewiesche 1989: 449). Es ist eine Zeit, in der sich die Gesellschaft in schwellenden Wogen bewegt und Frauen darangehen, Freiheiten zu erkämpfen. Die Jahrzehnte um die Jahrhundertwende vom 18. zum 19. Jahrhundert sind für die Translationswissenschaft aus historischer und feministischer Perspektive von besonderem Interesse, da sich in diesem Zeitraum die Übersetzungstheorie und -praxis[1] im Wandel befindet und Frauen vermehrt durch Übersetzung in den literarischen Betrieb eindringen, wie in Kapitel 4.5 gezeigt werden wird. Ein Aspekt dieses Betrachtungszeitraums, der gesellschaftlich insbesondere für Frauen wichtig ist, nämlich die Ehe, findet bis dato in der Translationswissenschaft jedoch wenig bis keine Beachtung (siehe Kapitel 2.3).

Diese Untersuchung soll zur Schließung dieser Lücke beitragen und befasst sich daher mit vier Übersetzerinnen, die mit Übersetzern verheiratet waren. Die Auswahl dieser Übersetzerinnen ergab sich aus einem mithilfe von Elisabeth Gibbels *Lexikon der deutschen Übersetzerinnen 1200–1850* (2018) erstellten Netzwerk deutscher Übersetzer:innenehepaare im Zeitraum 1750 bis 1850.[2] Das Netzwerk umfasst Übersetzer:innenehepaare, die miteinander verkehrten. Es handelt sich dabei um Vertreter der Weimarer Klassik (die Ehepaare Herder, Schiller und von Humboldt), Vertreter der Jenaer Frühromantik (die zwei Ehepaare Schlegel), Vertreter der Hochromantik bzw. der Heidelberger Romantik (die Ehepaare Brentano und von Arnim) sowie Paare, die keiner der erwähnten literarischen Gruppen angehörten (die Ehepaare Forster bzw. Huber und von Chézy). In dieser Forschungsarbeit werden die Ehepaare

1 Da hier Übersetzerinnen (nicht Dolmetscherinnen) im Fokus stehen, wird primär auf *Übersetzungs*theorien und die *übersetzerische* Praxis innerhalb der Translationswissenschaft eingegangen. Andere Formen der Translation werden hier nicht explizit berücksichtigt.

2 Siehe Abbildung 1 im Anhang.

des Umfelds der Jenaer Romantik, also Caroline Michaelis, Therese Heyne, Dorothea (Brendel) Mendelssohn und Wilhelmina Klencke, untersucht.[3]

Anhand der Biografien dieser Frauen soll die übergeordnete Forschungsfrage „Inwiefern beeinflusst der Ehestand die übersetzerische Tätigkeit von Übersetzerinnen, die mit Übersetzern verheiratet sind?“ beantwortet werden. Unter anderem sollen folgende Fragen geklärt werden: Übersetzen sie trotz oder wegen ihrer Ehen? Was dient ihnen als Motivation? Inwiefern profitieren sie von ihren Partnern und ihre Partner von ihnen? Dabei soll besonderes Augenmerk auf die gemeinsame bzw. unabhängige Übersetzungspraxis mit den übersetzenden Ehemännern gelegt und die Frage geklärt werden, ob oder wie die Übersetzerinnen außerhalb der Übersetzer:innenehen übersetzten. Es soll nachvollzogen werden, wie sich die (übersetzerische) Tätigkeit der Übersetzerinnen im Verlauf ihres Lebens gewandelt hat. Der Blick auf die Ehe und deren Auswirkung auf die übersetzerische Tätigkeit der Übersetzerinnen soll die von Scherl (2014) nach Prunčs Konzept entworfene Übersetzungskultur des 18. Jahrhunderts erweitern. So wird hier die Auswirkung des sozialen Geschlechts auf die übersetzerische Tätigkeit im Kontext der von der Aufklärung geprägten Erziehung von Töchtern höherer Stände, der Vernunft- und Liebesehe im Umfeld der Jenaer Romantiker sowie des oft von Armut gezeichneten Lebens ohne Mann beleuchtet. Dabei werden in angemessenem Rahmen auch die Leistungen und Werke der untersuchten Übersetzerinnen gewürdigt.

Um diesem Forschungsinteresse nachzugehen, wurden Sekundärquellen zu sozialen, politischen, literarischen und translationswissenschaftlichen Problemen des Untersuchungszeitraums sowie eine Vielzahl an biografischen Texten über die ausgewählten Übersetzer:innen genutzt. Wie dies oft bei Frauen der Fall ist, sind diese Texte, vor allem jene, die vor dem Einzug feministischer Ansätze in die Literaturwissenschaft verfasst wurden, durch die Nähe der Frauen zu berühmten Männern motiviert (z.B. vgl. Riepl-Schmidt 2016: 147, Becker-Cantarino 2001: 123 & Hundt 1997b: 44f.). Andere literaturwissen-

3 Siehe Abbildung 2 im Anhang. – Die untersuchten Übersetzerinnen werden meist beim Vornamen genannt, um Verwechslungen mit ihren Ehemännern zu vermeiden. Es wurde bewusst entschieden, auch die Ehemänner der Übersetzerinnen beim Vornamen zu nennen, um der sonst so häufigen Familiaritätsasymmetrie zwischen Frauen und Männern entgegenzuwirken.

schaftliche und biografische Arbeiten konzentrieren sich auf die journalistische und schriftstellerische Tätigkeit der Frauen, während ihre übersetzerische Tätigkeit oft nur in kurzen Passagen zur Sprache kommt (z.B. Murtfeld 1973, Stern 1990, Baumgartner 2008 & Heuser 2013). Aufgrund der Relevanz der vier Übersetzerinnen für die Romantik, eine für die Translationswissenschaft überaus interessante Zeit (siehe Kapitel 3, 4 & 5.2.1), sind in den letzten Jahrzehnten allerdings einige Texte erschienen, in der die translatorische Tätigkeit der ausgewählten Frauen im Fokus steht. Neben der Sekundärliteratur wurden Primärquellen, vor allem Briefe und Tagebücher, untersucht. Alle Übersetzerinnen führten ausführliche Korrespondenz mit Freund:innen, ihren Ehepartnern und teilweise mit Geschäftspartner:innen. Allein eine Übersetzerin, Wilhelmina Klencke Hastfer von Chézy, hinterließ umfangreiches autobiografisches Material (siehe Kapitel 5.3.2). Diese Quellen liefern wertvolle Informationen für die Erforschung der Berufstätigkeit dieser Frauen.

2 Wissenschaftstheoretischer Hintergrund

In diesem Kapitel sollen nun zunächst drei relevante Bereiche der Translationswissenschaft vorgestellt und dann zusammengeführt werden. Eine kurze Einführung in die Übersetzer:innenforschung führt zu der angewandten Methodik hin, bevor im letzten Abschnitt des Kapitels diskutiert wird, welchen Beitrag diese Forschungsarbeit im Rahmen der Translationswissenschaft leisten kann.[4]

2.1 Der Weg der Translationswissenschaft zur feministisch-soziologischen Übersetzer:innengeschichte

> Because making the feminine visible in language means making women seen and heard in the real world. Which is what feminism is all about.
> Louise de Lotbinière-Harwood (1989: 9)

Die Translationswissenschaft ist eine junge Disziplin, die seit ihrer Entstehung vor knapp 60 Jahren aus der Linguistik heraus viele „Wenden" erlebt hat. Die Entwicklungen der letzten Jahrzehnte von der kulturellen zur soziologischen Wende und Bestrebungen für mehr Interdisziplinarität haben den Fokus der Translationswissenschaft vermehrt auf Akteur:innen gelegt und unter anderem historische und feministische Perspektiven in den Vordergrund gebracht (vgl. Hung 2005: VIII, Snell-Hornby 2006: 47 & 164, Prunč 2007: 41 & Wolf 2012: 131f.). Dass eine Geschichte der Translation das Fundament für die Trans-

4 Dieses Kapitel erhebt keinen Anspruch auf Vollständigkeit bezüglich der vorgestellten Theorien, Schulen etc., da hier lediglich ein prägnantes Bild relevanter Aspekte der Translationswissenschaft dargestellt werden soll.

lationswissenschaft bilden sollte, wurde bereits in den frühen 1960er Jahren diskutiert (vgl. Delisle & Woodsworth 1995/2012: XXIII). Anfangs beschäftigte sich die Translationsgeschichte primär mit Translationstheorien, doch im Zuge der soziologischen Wende wurden auch hier die Übersetzer:innen in den Fokus gerückt (vgl. Holmes 1972/2000: 183 & Gürçağlar 2013: 135f.). Schon in den 1990er Jahren wurde von einer soziologischen Wende gesprochen,[5] und 2012 erklärte Claudia Angelelli: „In the last two decades we have witnessed a shift, from the cultural to the sociological turn" (Angelelli 2012: 125). Ein wichtiger Bereich der Translationssoziologie ist die Erforschung von Akteur:innen des translatorischen Feldes und ihren spezifischen Lebensumständen (vgl. Wolf 2007: 13–18, Chesterman 2009: 17 & Chesterman 2017: 310ff.).[6] Gerade die Verbindung der historischen und soziologischen Perspektive birgt ein interessantes Forschungsfeld. Es gilt zu erforschen, was und wie übersetzt wurde und in welchem Bezug die translatorische Tätigkeit der Akteur:innen zu den kulturellen, sozialen und politischen Realitäten ihrer Zeit steht (vgl. Williams & Chesterman 2002: 16f.). 2009 schlug Chesterman die „Translator Studies" als eine neue Subdisziplin für die Translationswissenschaft vor (vgl. 2009: 13). Dort solle Forschung betrieben werden, „which focuses primarily and explicitly on the agents involved in translations, for instance on their activities or attitudes, their interaction with their social and technical environment, or their history and influence" (Chesterman 2009: 20). Die im deutschsprachigen Raum vermehrt betriebene Übersetzer:innenforschung fällt in den Bereich der „Translator Studies". In diesem Forschungsfeld ist nicht zuletzt das *Germersheimer Übersetzerlexikon* zu nennen.[7] Dieses digitale Übersetzer:innenlexikon verfolgt einen historisch-deskriptiven Ansatz und soll die

5 Die ersten Schritte in diese Richtung machte bereits Knufmann 1967 mit seinem Werk *Das deutsche Übersetzungswesen des 18. Jahrhunderts im Spiegel von Übersetzer- und Herausgebervorreden* (vgl. Scherl 2014: 34).

6 Wolf sprich von einer „sociology of agents" (Wolf 2007: 13–18) und Chesterman von einer „sociology of translators" (Chesterman 2009: 17) als Forschungsfeld, in dem die verschiedensten kulturellen und sozialen Aspekte, die die Person der Übersetzerin oder des Übersetzers betreffen, und die Diskurse um die Person der Übersetzerin oder des Übersetzers behandelt werden.

7 Weitere Projekte dieser Art gibt es unter anderem in Schweden (oversattarlexikon.se), in Dänemark (danskoversaetterleksikon.dk), und Tschechien (databaze-prekladu.cz).

Wissenslücke im Bereich deutscher Übersetzer:innen füllen (vgl. Tashinskiy 2019: 17) und das Historische mit dem Individuellen verknüpfen (vgl. Kelletat, Tashinskiy & Boguna 2016: 8). Die Untersuchung des historischen und aktuellen translatorischen Feldes mit Fokus auf die Akteur:innen warf schon früh ein Licht auf die Unsichtbarkeit von Übersetzer:innen in der öffentlichen Wahrnehmung.[8] Wie man diesem Phänomen entgegenwirken könnte, beschäftigt die gesamte Translationswissenschaft. Auch für die feministische Translationswissenschaft ist die Sichtbarmachung und Würdigung von Übersetzerinnen[9] besonders relevant, denn Frauen sind bis dato in unserer Gesellschaft und so auch im Feld der Translation weniger sichtbar als Männer (vgl. Wolf 2006: 137). Sie werden „durch den Sprachgebrauch systematisch unsichtbar gemacht" (Gibbels 2008: 194). Um dem entgegenzuwirken, werden unter anderem „vergessene" Übersetzerinnen, ihre soziale Rolle und das Ausmaß der Einflussnahme der Rollenzuschreibung „Frau" auf die Übersetzungsarbeit

8 In *The Translator's Invisibility: A History of Translation* (1995) beschreibt Lawrence Venuti die Situation von Übersetzer:innen im heutigen Großbritannien und Amerika als „invisible". Diese „Invisibility" sei in der Vorherrschaft der „fluent ‚translation'" begründet, die die Illusion geben soll, dass die Übersetzung das „Original" sei (vgl. Venuti 2018/1995: 1), und das spiegle sich in der prekären rechtlichen Situation der Übersetzer:innen im englischsprachigen Raum wider (vgl. Venuti 2018/1995: 8ff.). Prunč sieht die Problematik der Unsichtbarkeit der Übersetzer:innen auch in den Anfängen der Translationswissenschaft begründet. Er argumentiert, dass Übersetzer:innen in die Unsichtbarkeit gezwungen worden seien, da die Translationswissenschaft primär linguistische Ansätze verfolgt habe und kognitive, soziale und kulturelle Faktoren unbeachtet geblieben seien (vgl. Prunč 2007: 40). Das Phänomen der unsichtbaren Übersetzer:innen wirft unter anderem Fragen zu den Machtverhältnissen innerhalb einer Gesellschaft auf (vgl. Wolf 2007: 11f.).

9 Flotow sprach schon 1999 von einem „first paradigm" in Gender und Translation. Damit meinte sie den Fokus auf Frauen und erhoffte sich in einem „second paradigm" die Auseinandersetzung mit der „queer theory" (vgl. Flotow 2011: 9). Natürlich sollte und ist das Ziel der feministischen und queeren Translationswissenschaft nicht nur die Sichtbarmachung der Frauen, sondern aller im Translationsprozess beteiligten Personen. Ziel ist zudem „[to] destabilise and denaturalise" (Burton 2010: 57) die Gender- und Geschlechternormen, um somit das Problem der Sichtbarmachung als eine auf alle Translator:innen gleichmäßig verteilte Last behandeln zu können. Aufgrund der Untersuchungsobjekte stehen bei dieser Forschungsarbeit ausschließlich „Frauen" im Vordergrund, auch wenn diese Kategorie natürlich kein „homogenes, unveränderliches und stabiles Konstrukt [ist]" (Gibbels 2008: 203).

erforscht sowie ihre Leistungen gewürdigt (Messner & Wolf 2000: 9 & Stacherl 2002: 31).[10]

Seit den frühen 2000er Jahren gab es einige Forschungsprojekte, die geschichtliche, feministische und soziologische Aspekte vereinten.[11] Dieses Forschungsfeld kann als feministisch-soziologische Übersetzer:innengeschichte[12] beschrieben werden. Oft dienen hierbei die Biografien von Übersetzerinnen als Mittel zum Zweck, um einen breiteren Kontext zu erforschen. Trotz schwacher Quellenlage für den Untersuchungszeitraum beschäftigen sich viele Forscher:innen im Bereich der geschichtlichen Erforschung von Übersetzer:innen mit dem 18. und 19. Jahrhundert (vgl. Messner & Wolf 2000: 21, Grafik 4). Das Interesse an diesem Untersuchungszeitraum liegt vermutlich darin begründet, dass gerade im Laufe des 18. Jahrhunderts Europa große gesellschaftliche, ökonomische und politische Veränderungen erlebte, die einen Anstieg an Übersetzungen mit sich brachten (vgl. Walter 2002: 21 & siehe Kapitel 3.2 & 4), denn in Zeiten kulturellen Umschwungs spielt Übersetzung meist eine

---

10 Eine weitere Strategie der feministischen Translationswissenschaft etwa ist, durch die Übersetzung experimenteller feministischer Literatur (vgl. Messner & Wolf 2000: 9) das weibliche soziale Geschlecht (auf einer lexikalischen, syntaktischen und textuellen Ebene) und dessen Lebenserfahrung sichtbar zu machen (vgl. Godayol 2013: 174).

11 Unter anderem: Adamo, Sergia (2001). „Übersetzungsgeschichte als Geschichte der Frauen. Überlegungen zur Rolle der Frauen als Leserinnen und Übersetzerinnen im 18. Jahrhundert". In: Messner & Wolf (Hg.), 77–87; El-Akramy, Ursula (2001); Leitner, Claudia (2001). „Schriftspuren der Zunge des Eroberers. La Malinche zwischen Englisch und Spanisch". In: Messner & Wolf (Hg.), 135–142; Walter, Ulrike (2001); Agorni, Mirella (2002); Kober, Daniela (2002). „‚Sie müssen meine neue englische Sprache studieren' – Bettina von Arnims ‚Goethes Briefwechsel mit einem Kinde'". In: Gribč & Wolf (Hg.), 47–65; Pieretti, Marie-Pascale (2002). „Women Writers and Translation in Eighteenth-Century France". In: *The French Review* 73 (3), 474–488; Stacherl, Petra (2002); Walter, Ulrike (2002); Healy, Michèle (2004). *The Cachet of the ‚Invisible' Translator: English-women Translating Science (1650–1850).* Doktorarbeit, University of Ottawa; Agorni, Mirella (2005); Wehinger, Brunhilder (2008).

12 Trotz aller Bemühungen feministischer Translationswissenschaftler:innen in den 1990er Jahren beobachteten Wolf und Messner noch 2001, dass „[d]ie Norm [...] nach wie vor männlich [ist] [und] das Weibliche [...] darin inkludiert [wird] oder [...] schmückendes Beiwerk [bleibt]" (2001: 13). Diese männliche Dominanz zeigt sich auch in der „Übersetzerforschung", die meist nur als diese und nicht als Übersetzer*:innen*forschung bezeichnet wird. In den meisten Artikeln wird ausschließlich das generische Maskulinum verwendet. Ein Blick ins *Germersheimer Übersetzerlexikon* Anfang des Jahres 2020 zeigte, dass dort doppelt so viele Porträts von Übersetzern als von Übersetzerinnen zu finden sind (vgl. Kelletat & Tashinskiy o. J.).

ausschlaggebende Rolle (vgl. Agorni 2002: 33). Dazu kommt, dass im ausgehenden 18. Jahrhundert die Voraussetzungen für Frauen, übersetzerisch tätig zu werden, immer günstiger wurden (vgl. Walter 2001: 63 & siehe Kapitel 4.5). In den letzten Jahren ging die Zahl der Publikationen in diesem Forschungsfeld jedoch zurück.[13] Diese Forschungsarbeit soll einen Beitrag zur feministisch-soziologischen Übersetzer:innengeschichte leisten und folgt somit dem Aufruf Flotows 2011, zum Thema „Woman & Translation" zurückzukehren, da dieser Bereich auch heute noch „a source of creative study and analysis" (Flotow 2011: 9) sei und sein sollte.

2.2 Methodik dieser Übersetzer:innengeschichte

> To do research on a wider level we should look at translators [...] over considerable stretches of history and geography.
> Anthony Pym (2006: 23)

2.2.1 Biografische Methode

Die Beschäftigung mit Biografien, so Stracherl, kann die Auswirkungen der sozialen und privaten Situation auf das Schaffen als Übersetzer:in offenlegen (vgl. 2002: 31), daher wird hier die biografische Methode[14] angewendet. Trotz gewisser Bedenken halten immer wieder biografische Fragestellungen Einzug

13 Parallel dazu kann generell ein Rückgang am Interesse an feministischer Übersetzung beobachtet werden (vgl. Yu 2015: 2). Schon 2011 beschrieb Louise Flotow nach dem Einzug von „Queer Theory" einen Rückgang in der Forschung zu Frauen und Translation (vgl. Flotow 2011: 3).

14 Die Biografieforschung bzw. die biografische Methode hatte ihren Anfang in den 1920er Jahren in Amerika mit der Studie *The Polish Peasant in Europe and America* (1919–1921) von William I. Thomas und Florian Znaniecki, doch schon zuvor wurde multidisziplinär mit Biografien gearbeitet (vgl. Harscheidt 1989: 99–104). In den späten 1970er- und frühen 1980er Jahren etablierte sich die biografische Methode in den deutschen Sozialwissenschaften als komplexer Forschungsansatz (vgl. Dausien 2013: 166).

in viele Forschungsbereiche der Translationswissenschaft, z. B. Genderstudies und postkoloniale Ansätze (vgl. Kelletat & Tashinskiy 2014: 10). Die Biografieforschung bzw. die biografische Methode, birgt zwar das Risiko des inhärenten Subjektivismus, doch sie erlaubt neben einem intrasubjektiven auch einen intersubjektiven Zugang (vgl. Kohli 2013: 294 & Harscheid 1989: 100). D. h. Biografien können ein Porträt des sozialen und politischen Umfelds und Hintergrunds der Biografierten liefern (vgl. Hardscheidt 1989: 103). Darüber hinaus können sie einen Zugang zum sozialen Leben ermöglichen (vgl. Kohli 2013: 270) und es können durch den Einzelfall hindurch allgemeine Strukturen rekonstruiert werden[15] (vgl. Dausien 2013: 168). Die Aufarbeitung der Biografien der untersuchten Übersetzerinnen anhand von fünf Lebensabschnitten (Kindheit und Jugend, erste Ehen, Scheidung, Wiederheirat und Leben ohne Mann) in Kapitel 5 mit Fokus auf die übersetzerische Praxis (Voraussetzung, Motivation, Zusammenarbeit etc.) soll nach Möglichkeit Strukturen offenlegen, um die Rekonstruktion der Translationskultur des ausgehenden 18. Jahrhunderts um einen Aspekt zu bereichern.

2.2.2 Grenzen der biografischen Methode

Die biografische Methode wird für das inhärente Risiko des Subjektivismus kritisiert, und der Fokus auf Individuen, d. h. auf Autor:innen oder eben Übersetzer:innen, gilt spätestens seit Roland Barthes *Death of the Author*[16] als problematisch. 2014 hinterfragten Kelletat und Tashinskiy, ob die intensive Beschäftigung mit der Person der Übersetzerin oder des Übersetzers und ihren Biografien antiquiert sei (vgl. Kelletat & Tashinskiy 2014: 10) und Makarska warnte vor „Biografismus“ (Makarska 2014: 52). Eine weitere Limitation ist, dass Forschung an bzw. mit Biografien, insbesondere der von „Unbedeutenden“, wie Foucault bemerkt hatte, immer von der Quellenlage bestimmt sei und somit zufallsgesteuert und nicht kontrollierbar sei (vgl.

15 Biografien sind nicht exklusiv individuell, sondern sind eine soziale Konstruktion, durch deren Analyse gesellschaftliche Strukturen rekonstruiert werden können (vgl. Lutz et al. 2018: 3ff.).

16 Barthes, Roland/Howard, Richard (1967). „Death of the author“. In: *Aspen* 5–6. NYC: Roaring Fork Press.

Foucault 1977/2011: 257–259 & 263). In *Method in Translation History* betonte Pym, man müsse darauf achten, sich nicht in biografischen Details zu verlieren, und forderte Forscher:innen dazu auf, kritisch zu evaluieren, warum und inwiefern biografische Details für die Translationsgeschichte relevant seien (vgl. 1998: 160 & 170), denn „privat detail should only be drawn on to inform what happens in the field" (1998: 167).

2.2.3 Microhistory

In der Biografieschreibung herrscht eine lange Tradition der Dominanz von Männern, denn von Beginn an schrieben in diesem Genre Männer Texte über Männer. Als biografiewürdig galt nur der „große Mensch"[17] (vgl. Carlyle 1840/2011: 29–32). Anne-Kathrin Reulecke geht sogar so weit zu behaupten, die Biografie sei ein „männliches" Genre. Sie erklärt weiterhin, dass der Ausschluss der Frauen nicht ein Ausdruck außertextueller historischer Realitäten sei, etwa weil Frauen die Geschichte nicht geprägt hätten oder ihre soziale Realität nicht ausreichend Stoff für Biografien geliefert hätte, sondern weil die Biografie das Medium dieses Ausschlusses sei (vgl. 1993/2011: 319). Die hier beforschten Übersetzerinnen sind nicht unbedingt „klassisch" biografiewürdig, allerdings sind sie geeignete Untersuchungssubjekte im Sinne der Mikrogeschichte, die das Ziel hat „[to] discover or rediscover previously neglected subjects, alien to the grand narratives of traditional history" (Adamo 2006: 85). In der Mikro-

---

17 Anfang des 20. Jahrhunderts ging Wilhelm Dilthey erste Schritte in Richtung einer inklusiveren Geschichtsschreibung mit seiner Überlegung, dass grundsätzlich „[j]edes Leben beschrieben werden [kann], das kleine wie das mächtige, das Alltagsleben wie das außergewöhnliche" (Dilthey 1910/2011: 60), doch für ihn gilt noch immer ausschließlich der „historische" Mensch als biografiewürdig (vgl. Dilthey 1910/2011: 63). Seit den 1970er Jahren kann beobachtet werden, dass die Biografiewürdigkeit nicht mehr primär an „historische Größe" gebunden ist. Maßgeblich wurde diese Wende in Bezug auf die Interessensobjekte auch von Foucaults geplanter Anthologie *Das Leben der infamen Menschen* (1977) geprägt, in der er kurz und knapp die Leben „infamer" Menschen darstellen wollte (vgl. Foucault 1977/2011). Es ging ihm darum, eine Kollektivbiografie unbedeutender und bislang nicht als biografiewürdig geltender Menschen zusammenzutragen (vgl. Schweiger 2011: 280). Er folgt damit der Überlegung, dass nicht die „Biografiewürdigkeit" bestimmen sollte, über wen eine Biografie geschrieben wird, sondern das Verfassen einer Biografie die Person(en) biografiewürdig macht.

geschichtsschreibung werden nicht kanonisierte, marginalisierte und „vergessene“ Menschen in den Vordergrund gerückt (vgl. Adamo 2006: 85f.). Die Forschungsgegenstände mikrogeschichtlicher Untersuchungen stellen nur Fragmente der Geschichte dar, und das Ziel ist nicht, ein gesamtes Bild zu liefern oder die Fragen der Zukunft zu beantworten, sondern marginalisierte Stimmen und – im Falle von bekannteren Stimmen – außergewöhnliche Details in Fallstudien mithilfe fragmentierter Quellen zu Wort kommen zu lassen (vgl. Adamo 2006: 90–93). Fallstudien, wie die der vier Übersetzerinnen Caroline, Therese, Dorothea und Wilhelmina, haben als „testing-ground for the discovery (and implementation) of general patterns of translation behaviour“ (Agorni 2007: 129) in der Translationswissenschaft zunehmend an Bedeutung gewonnen.

2.3 Relevanz für die Translationswissenschaft

> Once you start to look at translators rather than translation, several things can be done.
> Anthony Pym (2009: 32)

Die feministisch-soziologische Übersetzer:innengeschichte ist, wie in Kapitel 2.1 gezeigt wurde, ein junges, aber bereits etabliertes Forschungsfeld. Sie beschäftigt sich – wie die Translationsgeschichte allgemein – mit den Forschungsfragen „Wer? Was? Warum? Wie?“ (vgl. Williams & Chesterman 2002: 16). Diese Fragen werden unter Einbeziehung sekundärer und primärer Quellen bezüglich der ausgewählten Übersetzerinnen beleuchtet. Dabei wird der bis dato vernachlässigte Aspekt der Ehe bzw. der Partnerschaft miteinbezogen. Im Bereich der Übersetzer:innengeschichte wird der Ehestand von Übersetzer:innen meist gar nicht oder nur in wenigen Sätzen thematisiert, ohne dass dabei auf dessen Einfluss auf die übersetzerische Tätigkeit eingegangen wird. So erwähnt Petra Stacherl in *Auf den Spuren italienischer Übersetzerinnen zwischen Arcadia und Romantik* (2002) zwar bei vier der sechs behandelten Übersetzerinnen deren Ehe, aber nur bei der Beschreibung Luisa Bergalli

Gozzis wird die Ehe zu ihrer übersetzerischen Tätigkeit in Bezug gestellt. In einem Nebensatz wird erwähnt, dass Luisa Bergalli Gozzi aufgrund der prekären finanziellen Situation der Familie ihres Mannes nun auch übersetzen musste (vgl. Stacherl 2002: 34). Ursula El-Akramy (2001) geht in ihrem Artikel über Caroline Michaelis Schlegel Schelling, deren übersetzerische Tätigkeit in der Literatur meist unterschlagen wird und zu Lebzeiten ihrem Mann zugeschrieben wurde, nicht weiter, als zu erklären, dass Caroline die Rolle der „Hausfrau, Mutter und [geistigen] Gefährtin" zugeschrieben wurde, obwohl sie doch in Wirklichkeit für ihre letzten beiden Ehemänner als „Übersetzerin, Lektorin und Sekretärin" gearbeitet hatte (vgl. El-Akramy 2001: 73ff.). 2008 nahm Elisabeth Gibbels Bezug auf El-Akramys Arbeit, doch auch sie erwähnt nur in einem Nebensatz Frauen, die „mit ihrem Werk hinter dem Namen ihres Ehemanns verschwanden" (Gibbels 2008: 207). Ulrike Walter (2001) ging etwas ausführlicher auf das Thema Ehe ein. In *Die Auswirkungen der Erwerbsmöglichkeit auf Leben und Werk von Übersetzerinnen: Louise Gottsched und Sophie Mereau im Vergleich* beschreibt sie die unterschiedlichen Voraussetzungen, mit denen die ältere Luise Gottsched und die jüngere Sophie Mereau als Übersetzerinnen konfrontiert waren (vgl. Walter 2001: 65ff.).[18] Doch keine dieser Arbeiten beschäftigt sich im Detail mit dem Einfluss des Ehestands auf die übersetzerische Tätigkeit von Übersetzerinnen, insbesondere von denen, die mit Übersetzern verheiratet waren.

2.3.1 Sichtbarmachung

Schon 1995 schrieb Joly, dass Übersetzer:innen durch historische Forschung aus ihrer „Vergessenheit" geholt und ihre Leistungen für Kultur und Gesellschaft betont werden sollten (vgl. Joly 1995/2012: XIV), und auch in der

18 Dabei geht Walter unter anderem auf die Ehen der Übersetzerinnen ein und stellt fest, dass während die Gottschedin sich zwar eine gleichberechtigte Partnerschaft gewünscht habe, sie dennoch im Dienst ihres Ehemannes als Gehilfin gestanden habe, da sie finanziell von ihm abhängig gewesen sei. Sophie Mereau hingegen, die mithilfe ihrer Übersetzungen finanzielle Unabhängigkeit erreichen konnte, gelang es sogar, ihre Zweckehe zu beenden und in späteren Jahren ihren zweiten Ehemann Clemens Brentano finanziell zu unterstützen (vgl. Walter 2001: 65ff.).

feministischen Translationswissenschaft gilt weiterhin: „[The most urgent task is] to establish the history of women translators […]“ (Godayol 2013: 181). Pilar Godayol fordert die Identifizierung unbekannter Übersetzer:innen und die Untersuchung bekannter Übersetzer:innen aus neuen Perspektiven (vgl. 2013: 181). Es geht dabei jedoch nicht nur um die Würdigung der Leistung von Übersetzer:innen, sondern auch darum, die Lebenserfahrung von Übersetzer:innen in gesprochener und verschriftlichter Sprache, über die kulturelle Werte vermittelt werden und die unsere Wahrnehmung der Realität steuert, entsprechend zu repräsentieren, da Übersetzer:innen sonst unsichtbar bleiben (vgl. Kaiser-Cooke 2001: 153f.). Ebenfalls soll die Lebenserfahrung von Übersetzer:innen – das beinhaltet auch das Umfeld und die übersetzerische Praxis – angemessen repräsentiert werden. Ein „reales“, demystifiziertes Bild von Übersetzer:innen soll die Wahrnehmung der Realität gestalten, denn sobald die „reale“ Lebens- und Arbeitserfahrung von Übersetzer:innen den Diskurs bestimmt, können und müssen sich Übersetzer:innen aus ihrer „Unsichtbarkeit“ befreien. Durch die Analyse der Biografien der ausgewählten Übersetzerinnen aus translatorischer und ehelicher Perspektive wird zur angemessenen Repräsentation der Lebenserfahrung von Übersetzer:innen beigetragen.

2.3.2 Translationskultur

1997 etabliert Erich Prunč den Begriff der „Translationskultur“. Prunč definiert dieses Konzept als eine in einem kulturellen Rahmen verankerte Subkultur, also ein historisch gewachsenes gesellschaftliches Konstrukt, das sich in Beziehung zur Translationspraxis entwickelt und von Normen und Konventionen bestimmt ist (vgl. Prunč 2012: 340).[19] Translationskulturen sind somit dem

19 Das Konzept bzw. Modell der „Translationskultur“ oder auch der „culture of translation“ bzw. „translation culture“ wurde in den letzten Jahrzehnten vermehrt in Arbeiten der Translationswissenschaft aufgegriffen. 2010 arbeitete Michaela Wolf die Gemeinsamkeiten bzw. Berührungspunkte der Translationskultur mit dem kultursoziologischen Begriff des Translationsfeldes heraus und versuchte, das Beziehungsverhältnis dieser beiden Konzepte zueinander auszuloten (vgl. 2010: 21–32). In einem 2006 veröffentlichten Buchbeitrag untersuchte Sonja Pöllabauer im Bereich der aktuellen Herausforderungen bei der Dolmetschung von Asylverfahren die Prinzipien der demokratischen Translationskultur anhand empirischer Daten (d. h. anhand der translatorischen Praxis) (vgl. 2006). Dorota Bereza zog in ihrem 2013 erschie-

Wandel der Gesellschaft und ihren Normvorstellungen unterworfen und daher nie statisch (vgl. Prunč 2008: 28 & Bereza 2013: 7). Dementsprechend sind Translationskulturen aber nicht nur ein theoretisches, von der translatorischen Realität abgekoppeltes Modell, sondern stehen in einer Wechselbeziehung mit der translatorischen Praxis. Die Konstruktion bzw. Rekonstruktion von (gegenwärtigen und vergangenen) Translationskulturen kann „wertvolle Aufschlüsse über gesellschaftliche Zusammenhänge geben, in die Translation eingebettet ist" (Prunč 2008: 26), d. h. Einblicke in die translatorische Praxis und die jeweiligen gesellschaftlichen Umstände liefern (vgl. Prunč 2008: 36). Die Translationsgeschichte und insbesondere Einzelstudien können den konzeptuellen Rahmen des Begriffs „Translationskultur" bereichern (vgl. Hebenstreit et al. 2010: 13). Anhand der hier untersuchten Biografien sollen Strukturen offengelegt werden und somit unsere Kenntnis der Translationskultur im ausgehenden 18. und beginnenden 19. Jahrhundert[20] um neue Perspektiven, unter anderem die der partnerschaftlichen Zusammenarbeit bei Übersetzungen, erweitert werden.

nenen Werk *Die Neuübersetzung – Eine Hinführung zur Dynamik literarischer Translationskultur* aus der Beobachtung, dass vermehrt Neuübersetzungen von bereits übersetzten Werken erscheinen, den Rückschluss, dass wir uns mitten in einem Wandel der Translationskultur im deutschsprachigen Raum befinden. Bereza beschreibt, dass die Translationskultur einen durch Konsensbildung konstruierten, orts- und zeitgebundenen Handlungsrahmen markiere, doch bleibe der ethische, pragmatische, ökonomische Entscheidungsprozess jeder Translation die Verantwortung jeder einzelnen Translatorin und jedes einzelnen Translators (vgl. Bereza 2013: 11f.).

20 Die Translationskultur des Untersuchungszeitraums wurde schon in anderen Arbeiten, allerdings unter anderen Blickwinkeln, untersucht. Zu diesen Arbeiten zählen unter anderem die Aufsatzsammlung *Übersetzungskultur im 18. Jahrhundert. Übersetzerinnen in Deutschland, Frankreich und der Schweiz* (2008), herausgegeben von Brundhilde Wehinger und Hilary Brown, sowie Sophia Scherls *Die deutsche Übersetzungsgeschichte in der zweiten Hälfte des 18. Jahrhunderts. Meta Forkel-Liebeskind und ihre Übersetzung der „Rights Of Man"*. Anhand bestehender Forschungen zum Übersetzungswesen des 18. Jahrhunderts entwarf Scherl eine Übersetzungskultur der zweiten Hälfte dieses Jahrhunderts (vgl. Scherl 2014).

3 Zur Romantik

> Le romantisme, c'est le libéralisme en littérature.
> Victor Hugo (zit. nach Paraf 1930:15)

Das ausgehende 18. und beginnende 19. Jahrhundert ist geprägt von den turbulenten Jahren der Französischen Revolution, den Napoleonischen Kriegen, den Reformen in ganz Europa und den darauffolgenden Jahren der Restauration. In dieser Zeit befinden sich nicht nur die politischen, ökonomischen und gesellschaftlichen Strukturen in einem Zustand des radikalen Umschwungs (vgl. Kinder & Hilgemann 2002: 289–339), sondern auch die literarische Welt.[21] Die Aufklärung hatte ihre Anfänge in der zweiten Hälfte des 17. Jahrhunderts. Sie beeinflusste die politischen Ereignisse dieser Epoche maßgeblich durch ihre Forderungen nach der Herrschaft der Vernunft und durch ihre Ideen zur Toleranz, zur persönlichen Freiheit, zur rechtlichen Gleichstellung aller Menschen und zur politischen Selbstbestimmung (vgl. Schmid 1989: 3). In den darauffolgenden literarischen Strömungen ist eine folgenschwere Einengung des Verständnisses der aufklärerischen Ideen zu beobachten (vgl. Schmid 1989: 20). Das Abgleiten der Französischen Revolution in eine Terrorherrschaft und deren Aufhebung durch Napoleons Herrschaft sowie der Eroberungsdrang des napoleonischen Frankreichs veranlassen die Romantiker zur Rückbesinnung auf Vergangenes. Sie feiern das Mittelalter als die „letzte universale Kultur vor der Aufklärung" (Frenzel & Frenzel 1977: 297), sie entwickeln historische Interessen, liebäugeln mit neuem nationalen Gedankengut und beschäftigen sich mit der Natur, dem Christentum, hierbei besonders mit dem Katholizismus, sowie mit den Idealen des Natur- bzw. Originalgenies (vgl. Frenzel & Frenzel 1977: 298, Cuddon & Preston 1999: 769 &

21 Parallel zur Aufklärung (1720–1785) entwickeln sich zwei Subströmungen: die Empfindsamkeit (1740–1780) und der Sturm und Drang (1767–1785). Die Klassik (1786–1832) löst die Aufklärung ab und überschneidet sich mit der Romantik (1789–1835) (vgl. Frenzel & Frenzel 1977: 152–348).

Kinder & Hilgemann 2002: 310). Tatsächlich ist die Romantik also in Teilen „gegenaufklärerisch" (Schmid 1989: 21). Dennoch liberalisieren das aufklärerische Gedankengut und der revolutionäre Freiheitsdrang das politische, soziale, ökonomische und literarische Leben im ausgehenden 18. und beginnenden 19. Jahrhundert grundsätzlich und unwiderruflich.

3.1 Anfänge der Frauenbewegung

So sieht diese Epoche auch die Anfänge der europäischen Frauenbewegung. Während der Französischen Revolution kommt es am 5. und 6. Oktober des Jahres 1789 zur ersten Frauenmassendemonstration, bei der Pariserinnen die Auflösung der feudalen Ordnung und das Recht auf Teilhabe am öffentlichen Leben fordern. Der „Marsch der Pariserinnen" wird von Zeitgenoss:innen als „hysterisch" wahrgenommen (vgl. Gerhard 2018: 10f.). Doch der Geist, der sich im Revolutionsjahr 1789 in der *Déclaration des Droits de l'Homme et du Citoyen*[22] manifestiert, lässt selbst in dieser Gesellschaft, in der der Diskurs um die Geschlechterfrage männlich dominiert ist, Stimmen gegen die Unterdrückung der Frau lauter werden. Basierend auf dem Prinzip der „Gleichheit aller Menschen" treten vereinzelt auch Männer für die Rechte der „[weiblichen] Hälfte des Menschengeschlechts"[23] (zit. nach Gerhard 2018: 14) ein. Zu den Frauenstimmen, die sich in dieser Zeit zu Wort melden, zählt die Französin Olympe de Gouges. Sie reagiert 1791 auf die *Erklärung der Menschen- und Bürgerrechte* mit einer „gegenderten" Version mit dem Titel *Déclaration des Droits de la Femme et de la Citoyenne*[24]. In Großbritannien veröffentlicht Mary Wollstonecraft 1792 *A Vindication of the Rights of Woman,*[25] ein Werk, das sowohl in Frankreich als auch schon im Folgejahr in Deutschland rezipiert wird (vgl. Gerhard 2018: 20f.). Darin setzt sich Wollstonecraft ausführlich mit

---

22 Nationalversammlung (1789). *Déclaration des Droits de l'Homme et du Citoyen.*

23 Condorcet, Marquis Marie Jean Antoine de (1790). *Sur l'admission des femmes au droit de cité.*

24 Gouges, Olympe de (1791). *Déclaration des droits de la femme et de la citoyenne.*

25 Wollstonecraft, Mary (1792). *A Vindication of the Rights of Woman: with Strictures on Political and Moral Subjects.* London: J. Johnson.

der von männlichen Stimmen geprägten Geschlechterfrage auseinander und fordert die Achtung der Rechte der Frauen. Im Gegensatz zu ihrer französischen Zeitgenossin knüpft Wollstonecraft ihre Forderung jedoch an existierende Geschlechterrollen, was ihre Position wohl weniger „bedrohlich“ wirken ließ (vgl. Gerhard 2018: 14–23).[26] Trotz dieser mutigen Frauen bleiben die Verhältnisse ihrer Zeitgenossinnen düster. Der 1804 unter Napoleon in Kraft getretene *Code Civil* ist, laut Ute Gerhard, beinahe rückständiger als die Verhältnisse im Ancien Régime (vgl. 2018: 27), und auch das *Allgemeine Landrecht für die Preußischen Staaten (ARL)* (vgl. Shajkovcia, b & c) ist zwar in manchen Aspekten liberal bzw. liberaler als frühere Gesetze, doch auch hier gilt nach wie vor die Vorherrschaft des Mannes (vgl. Gerhard 2018: 36 & siehe Kapitel 5.3).

3.2 Entwicklung des Literaturmarkts

Im Laufe der zweiten Hälfte des 18. Jahrhunderts verändern sich zudem die wirtschaftlichen Strukturen. Eine ökonomische Liberalisierung findet statt (vgl. Wischermann 2011: 55). Die politischen Veränderungen, insbesondere die kriegerischen Auseinandersetzungen, beeinflussen maßgeblich den Übergang vom klassischen Merkantilismus zu einer modernen Wirtschaftsform (vgl. Kleinschmidt 2002: 74). Nach den einschneidenden Jahren des Siebenjährigen Kriegs (1756–1763), in den weite Teile Europas verwickelt waren, orientieren sich Fördermaßnahmen für Gewerbe in den meisten europäischen Ländern (z.B. in Preußen) zwar an klassisch merkantilistischen Methoden, doch markiert ihr längerfristiges Ziel die Stärkung der Wirtschaft. Das ist ein klarer Gegensatz zum traditionellen Ziel des „Primat[s] der landesherrlichen Revenuen“ (Kleinschmidt 2002: 79). Damit setzt ein Umschwung weg vom Merkantilismus hin zu der von Adam Smith begründeten klassischen Nationalökonomie ein (vgl. Kleinschmidt 2002: 78f.). Die Marktwirtschaft

26 Der Übersetzer der deutschen Erstausgabe (*Rettung der Rechte des Weibes mit Bemerkungen über politische und moralische Gegenstände*, 1793/94), Christian Gotthilf Salzmann, etwa schrieb in einem Kommentar zur Übersetzung: „[...] man wird finden, dass es die Verfasserin nicht so böse meint“ (zit. nach Gerhard 2018: 23).

wird als ein durch Wettbewerb selbstregulierendes System etabliert, und (staatliche) Eingriffe in die Wirtschaft gelten als nachteilig (vgl. Jöhr 1982: 2f.). In den Jahrzehnten um 1800 spiegelt sich der Historismus der Romantik auch in der Ökonomie. Als Gegenposition zur Marktorientierung wird dem Staat dezidiert die Aufgabe zugesprochen, „die Nation ökonomisch zu erziehen" (Jöhr 1982: 3). Doch sowohl in der klassischen Nationalökonomie als auch in der „historischen Schule" finden sich Anfänge des kapitalistischen Denkens, die die Entwicklung des Markts bzw. der Märkte nachhaltig lenken.

So entwickelt sich im Laufe des 18. Jahrhunderts auch ein Literaturmarkt. Diese Entwicklung nahm unter anderem Einfluss auf das Übersetzungswesen. Die höhere Alphabetisierungsrate und ein Zuwachs an weiblichen Lesern lassen das Handelsvolumen in der zweiten Hälfte des 18. Jahrhunderts so sehr in die Höhe schnellen[27] (vgl. Wittmann 1991: 111f. & Scherl 2014: 27–29), dass die Nachfrage nicht mehr allein von heimischen Autor:innen gedeckt werden kann. Folglich – und zudem in weiteren Aspekten des gesellschaftlichen Wandels begründet – erlebt das ausgehende 18. und beginnende 19. Jahrhundert einen bedeutsamen Zuwachs an Übersetzungen (vgl. Bachleitner 1989: 4ff.). Es wurde viel und (zu) schnell übersetzt – von Laien, Professionellen und bald auch von Frauen (laienhaft und professionell). Wie im folgenden Kapitel gezeigt wird, hatte das zunehmende Übersetzungsvolumen positive wie negative Konsequenzen.

27 Wittmann schildert einen Zuwachs von 750 Novitäten/Jahr im Jahr 1740 auf etwa 5.000 Novitäten/Jahr in den 1790er Jahren (vgl. Wittmann 1991: 111f.).

4 Übersetzungskultur der Romantik

> Wir wissen eigentlich noch gar nicht was eine Übersetzung sey.
> Friedrich Schlegel (zit. nach Behler et al. 1981:54)

Die Übersetzungskultur einer gewissen Epoche umfasst die „gesellschaftlich etablierten, gesteuerten und steuerbaren Normen, Konventionen, Erwartungshaltungen und Wertvorstellungen aller in [der] Kultur aktuell oder potentiell an Translationsprozessen beteiligten Handlungspartner[n]" (Prunč 1997: 107). In diesem Kapitel soll, bevor in Kapitel 5 ausführlich auf die individuellen Lebensläufe der ausgewählten Übersetzerinnen eingegangen wird, ein Rahmen etabliert werden. Es sollen die vorherrschenden Bedingungen im „Handlungsfeld Translation" (Prunč 1997: 107) in der Epoche der Romantik dargestellt werden, um die übersetzerische Tätigkeit der Übersetzerinnen vor diesem Hintergrund zu analysieren. Hierzu wird zunächst ein Ausschnitt der Entwicklung der Übersetzungstheorie dargestellt, bevor die anhaltende Praxis der *belles infidèles*[28] und die Professionalisierung des Übersetzungswesens beschrieben wird. Abschließend wird der vermehrte Einstieg von Frauen in das „Handlungsfeld Translation" und die Praxis der übersetzerischen Zusammenarbeit beleuchtet.

---

28 Die Bezeichnung für diese Übersetzungsstrategie geht auf ihre Entstehungsgeschichte zurück und ist höchst problematisch. Der französische Philologe Gilles Ménage, ein Gegner der *belles infidèles*, verglich die Übersetzung seines Freundes Perrot d'Ablancourt mit seiner Geliebten, die zwar schön, aber nicht treu war (vgl. Albrecht & Plack 2018: 123). Dieser Vergleich der Übersetzung mit einer Frau, der meist in einem negativen Licht dargestellt wird, ist eine dieser Metaphern, gegen die die feministische Translationswissenschaft spätestens seit Lori Chamberlains Essay *Gender and the Metaphorics of Translation* (1992) kämpft und kämpfen will (vgl. Snell-Hornby 2006: 102). Da der Begriff der *belles infidèles* jedoch in der Beschreibung der Übersetzungsgeschichte zu einem Terminus geworden ist, der nicht nur eine spezifische Übersetzungsstrategie, sondern auch das Gedankengut einer europäischen Bewegung beschreibt, wird er hier mit Vorsicht als „Fachterminus" verwendet.

4.1 Übersetzungstheorie – Übersetzen ganz neu gedacht

Aufgrund der Idee der „Universalität der Gedanken“ gab es in der Aufklärung theoretisch kein Übersetzungsproblem. Das heißt nicht, dass nicht übersetzt wurde, sondern nur, dass das Übersetzen nicht als problematisch oder als Herausforderung angesehen wurde. Das Übersetzen galt als eine beinahe mechanische Tätigkeit, denn nach dem damaligen Sprachbegriff konnten alle Zeichen, d. h. Worte, „verlustfrei“ in eine fremde Sprache übertragen werden, denn sie waren an eine „universell gültige Bedeutung“ (Kitzbichler et al. 2009: 16) gekoppelt und nur ein „Kleid“ für den Inhalt.[29] Ab den 1740er Jahren traten anhaltende Zweifel an der „Problemlosigkeit“ von Übersetzung auf (vgl. Apel & Kopetzki 2003: 74 & Kitzbichler et al. 2009: 6 & 16f.).

Johann Jakob Breitinger, ein Vordenker des neuen Sprachbegriffs, hinterfragte vor dem Hintergrund der Milton-Übersetzung Johann Jakob Bodmers die „Universalität der Gedanken“. Er sprach sich für eine Art „Wirkungsäquivalenz“ beim Übersetzen aus, bei der das veränderte „Gemüt“ der Leser:innen berücksichtigt und das Original stilistisch und sprachlich nachgebildet werden solle (vgl. Apel & Kopetzki 2003: 76 & Albrecht & Plack 2018: 368). Breitinger gehörte wie Friedrich Schlegel, so Josefine Kitzbichler et al., zur „Keimzelle frühromantischer Übersetzungstheorie“ (2009: 38). Spätestens mit Johann Gottfried Herders Sprachtheorie[30] galt, dass Gedanken und Gefühle an eine sprachliche Form gebunden seien und dass Sprache aus der Interaktion von Menschen mit der Umwelt entstehe (vgl. Apel & Kopetzki 2003: 79f.). Diese neue historisch-dynamische Sprachauffassung postulierte, dass kein Wort einer Sprache einem in einer anderen Sprache vollkommen gleichen könne und es somit eigentlich keine „richtige“ Übersetzung mehr gebe (vgl. Apel & Kopetzki 2003: 79f. & 91).

---

29 Es wurde übersetzt, um Wissen zu vermitteln, Sprach- und Schreibkünste zu verbessern, die deutsche Sprache zu bereichern und die Verantwortung für kritische Inhalte zu umgehen (vgl. Fränzel 1913: 20 & 27). Die damalige Übersetzungspraxis kam den französischen *belles infidèles* gleich (Kapitel 4.2.1).

30 Herder, Johann Gottfried (1772). *Abhandlung über den Ursprung der Sprache.* Berlin: Voß.

Friedrich Schleiermacher sah das „Übersetzen als ein[e] europäisch[e] Aufgabe der Deutschen" (Kitzbichler et al. 2009: 62) und die Romantiker:innen verfolgten das Ziel, eine deutsche Weltliteratur zu begründen (vgl. Fränzel 1913: 103). Aus Interesse für und Offenheit gegenüber dem Fremden und basierend auf dem neuen Verständnis von Sprache entwickelte sich also eine neue Übersetzungspraxis. Bei dieser damals neuen Übersetzungsmethode gilt es, den „wahren Charakter" des Originals und die Individualität des Autors zu wahren, indem keine „charakteristischen Unterschied[e] der Form [ausgelöscht werden]" (zit. nach Apel & Kopetzki 2003: 85).[31] Das bedeutet, dass „dunkle", d. h. unverständliche Stellen des Originals in der Übersetzung auch „dunkel" sein sollten, um das Fremde „erfahrbar" zu machen.[32] Friedrich Schleiermacher sprach sich für eine philologisch-dokumentarische Übersetzungsmethode aus, bei der die Fremdartigkeit sichtbar bleibt und eine deutsche Übersetzungssprache geschaffen wird (vgl. Kitzbichler 2009: 60ff. & Albrecht & Plack 2018: 135). Die Dichotomie des romantischen Blicks auf Übersetzung wird in der Fachliteratur nur selten thematisiert. Während auf der einen Seite in der Epoche der Romantik Übersetzer:innen als „kreative Genies" Autor:innen gleichgesetzt wurden,[33] wurde anderseits das Übersetzen zu einer

31 Als Vorreiter der „neuen" Übersetzungspraxis gilt Johann Heinrich Voß, der schon 1781 und 1793 Homer-Übersetzungen lieferte, in der er sprachliche Strukturen bis hart an die Grenze der Verständlichkeit nachgebildet hatte (vgl. Albrecht & Plack 2018: 136). Seine „Sprachumwälzungen" wurden zunächst verspottet, doch wenig später wurde diese Art der „treuen", „sprachmimetischen" Übersetzung zum Ideal und der Norm in den oberen Etagen des Kulturbetriebs (vgl. Kitzbichler et al. 2009: 22ff.). Aus heutiger translationswissenschaftlicher Perspektive sind Begriffe wie „treu" oder „frei" zur Beschreibung einer Übersetzung oder einer übersetzerischen Praxis überholt. Spätestens mit Einzug der Skopostheorie von Katharina Reiß und Hans J. Vermeer ist der Richtwert für eine Übersetzung nicht mehr die „Äquivalenz", die mit „Treue" oder „Untreue" bzw. „Freiheit" bezüglich des Ausgangstextes beschrieben wird, sondern eine „Adäquatheit", die sich aus der Zielsetzung, d. h. dem Skopos, für die Übersetzung ergibt (vgl. Prunč 2012: 152–161). Wo in der Romantik von „Treue" gesprochen wird, kann heute nur von „Ausgangstextorientiertheit" die Rede sein, und eine Übersetzung, die damals als „frei" galt, würde heute mit dem Begriff „zieltextorientiert" beschrieben werden.

32 Diesbezüglich unterscheidet Wilhelm von Humboldt zwischen dem Fremden, dem höchsten Ziel der Übersetzung, und der Fremdheit, die ein Zeichen schlechter bzw. hastiger Übersetzung sei (vgl. Apel & Kopetzki 2003: 86 & 91f.).

33 In der Romantik galt eine „treue" Übersetzung nicht als Kopie des Originals, sondern als ein „Moment im Fortleben des alten Werkes" (Apel & Kopetzki 2003: 84), also als in sich ein neues

mechanischen Tätigkeit abgestuft[34] (vgl. Kurz 1996: 52f.; Bassnett 2013: 73ff. & Albrecht & Plack 2018: 125 & 417).

4.2 Übersetzung von Unterhaltungsliteratur – die *belles infidèles* leben fort

Während sich in der Frühromantik primär für die und aus der Übersetzung „hoher" Literatur eine neue Übersetzungstheorie und -praxis herausgebildet hatte, die auf einem neuen Sprachbegriff basierte (vgl. Kitzbichler et al. 2009: 1 & 6), wurde im Bereich der Unterhaltungsliteratur nach älteren Prinzipien übersetzt. In den „unteren Etagen des Kulturbetriebs" wurde meist nach dem Prinzip der *belles infidèles* übersetzt (vgl. Albrecht & Plack 2018: 135). Damals wie heute wurde bzw. wird zwischen zwei „Schichten von Übersetzungen" unterschieden, die unterschiedliche Übersetzungsstrategien bedingen: „Ein Gedicht will anders behandelt sein als Boz'sche Reiseskizzen oder ein Roman von Cooper, Marryat und Bulwer"[35] (zit. nach Bachleitner 1989: 25). Die Bezeichnung *belles infidèles* beschreibt vereinfacht ausgedrückt „freie", d. h. zieltext- bzw. zielkulturorientierte Übersetzungen. Grundsätzlich ging es darum, eine leser:innenfreundliche Übersetzung zu verfassen (vgl. Albrecht & Plack 2018: 121 & 128). In den ersten drei Jahrzehnten nach 1700 wurde die Übersetzungsstrategie der *belles infidèles* ins Extreme getrieben mit der

Kunstwerk, das dafür sorgt, dass das Original weiterlebt (vgl. Apel & Kopetzki 2003: 84). Das Übersetzen war ein Phänomen der romantischen Idee des „Kontinuums der Formen" und nahm als Synonym für Dichtung einen hohen Stellenwert in der romantischen literarischen Gesellschaft ein (vgl. Apel & Kopetzki 2003: 116 & Kitzbichler et al. 2009: 38).

34 Durch die nun vorherrschende philologisch-dokumentarische Übersetzungsmethode wurde die übersetzerische Tätigkeit in Richtung der Philologie und der Nutzung der Sprache verlagert, wodurch Übersetzer:innen ihre Stellung als Literat:innen verloren und nicht mehr zur kulturellen Elite gehörten (vgl. Albrecht & Plack 2018: 125 & 421). Mit dem „Treuepostulat" der Romantik gegenüber der Form des Originals kann Übersetzung nicht mehr als Kunst gelten, bei der aus dem Nichts geschöpft wird (vgl. Kitzbichler et al. 2009: 50), sondern wird (meist von Menschen, die nichts vom Übersetzen verstehen) als mechanische Tätigkeit wahrgenommen (siehe Kapitel 4.3). Diese Wahrnehmung hält in der allgemeinen Öffentlichkeit bis heute an.

35 Ferdinand Freiligrath an Adelheid von Stolterfoth, 14. Dezember 1842.

Maxime, man solle den Autor übersetzen, als habe er in der Zielsprache geschrieben (vgl. Albrecht & Plack 2018: 129 & 135). Diese Forderung an die Übersetzung deklarierte Schleiermacher 1838 nicht nur als „unerreichbar, sondern [auch als] in sich nichtig und leer“ (Schleiermacher 1813/1838: 233). Offiziell „endete“ die Zeit der *belles infidèles* um 1730, doch am unteren Spektrum des Kulturbetriebs finden sich die *belles infidèles* noch heute[36] und gerade im 18. Jahrhundert wurde diese Übersetzungstradition durchaus weitergeführt (vgl. Albrecht & Plack 2018: 129ff. & 135). In der Praxis des ausgehenden 18. Jahrhunderts ließ sich die theoretische Vorstellung, welche die Hoheit des Ausgangstextes vorsah, nicht eins zu eins übersetzen. Laut Knufmann versuchten viele Übersetzer:innen aus „einer Haltung ehrgeiziger Höflichkeit“ heraus, die „Muttersprache vor ungewohnten Verrenkungen [zu] bewahren“ (Knufmann 1967: 2692), also den Text zu „verdeutschen“.

4.3 Die Professionalisierung von Übersetzung – Übersetzen am Fließband

Bis ins 18. Jahrhundert war das Übersetzen kein eigenständiger Beruf, sondern wurde meist als „gelehrter Zeitvertreib“ betrieben. Es galt als „würdevolle“ Aufgabe, die unbezahlt von Menschen mit ausreichend Freizeit und einer Sprachausbildung ausgeübt wurde (vgl. Albrecht & Plack 2018: 414f.). In der Epoche der Aufklärung galten Übersetzungen oft als eigenständige Kunstwerke (vgl. Fränzel 1913: 26). Somit hatten Übersetzer:innen damals die Stellung von Sprach*schöpfer:innen*, „nicht nur“ von Sprach*nutzer:innen*. Mit der „Mechanisierung“ von Übersetzung und der Einführung von Honoraren in den 1770er Jahren (vgl. Fränzel 1913: 75) galt Übersetzung jedoch ab den letzten Jahrzehnten des 18. Jahrhunderts nicht mehr als würdevolle Arbeit der höheren Stände, sondern wurde zur „Brodtarbeit“. Der „gelehrte Amateurübersetzer“ wurde vom „professionellen Berufsübersetzer“ abgelöst und das Übersetzen

36 Laut Albrecht & Plack wird heute noch, je nach Skopos der Übersetzung, nach der Maxime der *belles infidèles* übersetzt oder zumindest eine solche Übersetzung gefordert (vgl. Albrecht & Plack 2018: 131 & 135).

wurde zu einer der wichtigsten Einnahmequellen für „Studenten, Akademiker ohne Anstellung oder unterbezahlte Beamte“ (Willenberg 2008: 215f.). Wie es um die Bezahlung tatsächlich stand, lässt sich nur annähernd bestimmen.[37] Auf dem „freien Markt“ wurden Übersetzer:innen meist nach Bogen bezahlt. Um 1800 konnten Übersetzer:innen[38] durchschnittlich etwa 2 bis 4 Taler pro Druckbogen erhalten und bekanntere Übersetzer:innen erhielten bis zu 15 Taler (vgl. Bachleitner 1989: 17).[39]

Zeitgenoss:innen kritisierten schon früh, dass die Praxis der „Bogenübersetzer“ (zit. nach Bachleitner 1989: 9) die Gewinnsucht fördere, der Schriftstellerei bzw. der Übersetzung ihren edlen Charakter raube und zu ungenauen Übersetzungen verleite. Fränzel macht die Einführung des Honorars auch dafür verantwortlich, dass wie am Fließband, also in fabrikmäßiger Art, übersetzt wurde (vgl. 1913: 83–88). Wie Friedrich Nicolai schon in *Das Leben und die Meinungen des Herrn Magister Sebaldus Nothanker* (1773) beobachtet hatte, schlossen sich vermehrt Übersetzer:innen meist unter der Leitung eines ins Literaturgeschäft neu eingestiegenen Verlegers[40] in sogenannten „Übersetzungsfabriken“ zusammen, um das Übersetzen zu beschleunigen und daher einen größeren Gewinn verbuchen zu können (vgl. Nicolai 1773: 101ff.). Ihre Blütezeit erlebten die „Übersetzungsfabriken“ in der ersten Hälfte des 19. Jahrhunderts,[41] doch die kritischen Beschreibungen der fabrikartigen Übersetzungspraxis Nicolais (1773) und Johann Jakob Hottingers (1782)[42] zeigen, dass

37 Es gibt keine vollständigen Aufzeichnungen. Aussagen über die Honorare stützen sich auf Angaben von Akteur:innen der Literaturproduktion selbst, zum Beispiel in Briefen und Memoiren.

38 Es ist davon auszugehen, dass Übersetzerinnen, wenn sie ihr Geschlecht nicht verheimlichten, meist ein niedrigeres Honorar erzielten.

39 Schriftsteller:innen hingegen erhielten durchschnittlich 4 bis 6 Taler pro Bogen und konnten je nach Bekanntheitsgrad bis zu 30 Taler pro Bogen erhalten (vgl. Bachleitner 1989: 17).

40 Der Begriff „Verleger“ wird in dieser Forschungsarbeit, wenn er im Bezug auf den Untersuchungszeitraum verwendet wird, nicht gegendert, da nach heutiger Quelllage im Untersuchungszeitraum ausschließlich Männer diesen Beruf ausübten. Dieselbe Überlegung gilt auch für die Begriffe „Professor“, „Gelehrter“ und „Student“.

41 Zu den wichtigsten zählten unter anderem der Verlag der Gebrüder Schumann in Zwickau und in Stuttgart die 1822 gegründete Firma der Gebrüder Franckh (vgl. Bachleitner 1989: 18ff.).

42 Hottinger, Johann J. (1782). *Etwas über die neusten Uebersetzerfabriken der Griechen und Römer in Deutschland, ins Besondere über den Bahrdtschen Tacitus*. Zürich: Ziegler od. Halle: Gebauer.

es auch schon in der zweiten Hälfte des 18. Jahrhunderts ähnliche Strukturen gab. Die hohe Nachfrage an Übersetzungsliteratur aufgrund neuer Leser:innenschichten, der leichtere Zugang zu Büchern, etwa durch Leihbibliotheken, die Vorliebe deutscher Leser:innen für englische und französische Romane (vgl. Walter 2002: 18ff.) sowie die rechtliche Lage (vgl. Bachleitner 1989: 20–24) machten Übersetzungsfabriken überhaupt erst möglich und nötig. Üblicherweise gab es in Übersetzungsfabriken mindestens eine/einen, aber in den meisten Fällen mehrere Übersetzer:innen, die „ins Grobe" übersetzten, und einen oft etablierten Übersetzer,[43] der die Übersetzung überarbeitete und dann seinen Namen daruntersetzte (vgl. Hauff 1827/2015: 10f.). Das zu übersetzende Material wurde über private Kontakte oder Kontakte zu Vermittlungsverlagen, meist mit Niederlassungen im Ausland, besorgt (vgl. Bachleitner 1989: 10f.). Georg Forsters „Übersetzungsfabrik", die für zwei der untersuchten Übersetzerinnen ein wichtiger Zwischenstopp in ihrer übersetzerischen Karriere war, unterschied sich etwas von anderen, da seine „Fabrik" nicht von einem Verleger geleitet wurde. Zu Georgs Unterübersetzer:innen zählten seine Ehefrau Therese Heyne Forster, deren Liebhaber und zwei ihrer Jugendfreundinnen, Meta Wedekind Forkel (später Liebeskind) und Caroline Michaelis Böhmer (später Schlegel Schelling) (siehe Kapitel 5.2.2).[44]

43 Verwendung der männlichen Form, da im Untersuchungszeitraum vermutlich nur Männer diese Rolle übernahmen.

44 Darüber hinaus übersetzten auch Georg Forsters Schwestern für bzw. mit ihm. Seine jüngste Schwester Justina Regina etwa war u. a. Mitübersetzerin bei der Übersetzung von James Cooks dritter Reise (vgl. GFW 13 1978a: 347). Elisabeth Gibbels führt im *Lexikon der deutschen Übersetzerinnen 1200–1850* (2018) Justina als die Ehefrau von Matthias Christian Sprengel (vgl. 2018: 151). Meine Recherche ergab jedoch, dass Matthias Christian Sprengel tatsächlich mit Wilhelmina Concordia Forster verheiratet war (vgl. GFW 13 1978a: 296 & 326, GFW 18 1982: 859 & Uhlig 2004: 124f. & 166). Das Ehepaar Sprengel war auch übersetzerisch tätig für bzw. mit Georg (z.B. vgl. GFG 13 1978a: 401 & 446), u. a. auch bei der dritten Reise Cooks, bei der auch Justina involviert war (vgl. GFW 13 1978a: 347).

4.4 Kritik am Übersetzungswesen

Auf dem damaligen Übersetzungsmarkt war es wichtig, die Übersetzung möglichst gleichzeitig mit dem Original zu veröffentlichen oder zumindest die erste Übersetzung eines Werkes auf den Markt zu bringen. Rechtlichen Schutz für Übersetzungen gab es nämlich de facto nicht (vgl. Bachleitner 1989: 9 & 20–24).[45] Ohne Schutz vor Parallelübersetzungen befanden sich Verleger in einem Wettlauf gegen die Zeit, der auf die beauftragten Übersetzer:innen übertragen wurde. Diese Eile beim Übersetzen ist der Hauptkritikpunkt am Übersetzungswesen des ausgehenden 18. Jahrhunderts und des 19. Jahrhunderts. Übersetzer:innen wurde mangelnde Sach- und Sprachkompetenz vorgeworfen, und Lessing ging sogar so weit zu behaupten, manche Übersetzer:innen würden die Sprache überhaupt nicht beherrschen (vgl. Nicolai 1773: 100ff. & Fränzle 1913: 77). Es hieß, die Eile beim Übersetzen führe zu mangelhaften und oberflächlichen Übersetzungen (vgl. Bachleitner 1989: 6ff.). Neben „schlechten" Neuübersetzungen[46] wurde auch die Praxis der Nachübersetzungen kritisiert,

45 Zwar wurde 1773 das sogenannte Reichsche Übersetzungsmonopol eingeführt, das eine Übersetzung für zehn Jahre gegenüber Konkurrenzübersetzungen schützen sollte, doch umgesetzt wurde das Gesetz selten und bald nahmen Preußen und etwas später auch Sachsen von dem Gesetz wieder Abstand. Bis 1837 waren „Übersetzungen außerhalb des Staats- und Rechtsgebiets des Originals grundsätzlich frei" (Bachleitner 1989: 21) und selbst kleine Einschränkungen wie ein „exklusiver Vertrag", der vor Konkurrenz beim Übersetzen schützen sollte und zwischen der Autorin oder dem Autor des Originals und einem Verleger und/oder einer/einem Übersetzer:in abgeschlossen werden konnte, wurden effektiv nicht umgesetzt. Eine Art Urheberrecht für Übersetzungen wurde erst mit der Berner Übereinkunft von 1886 eingeführt (vgl. Bachleitner 1989: 20–24).

46 Bei der Suche nach den Gründen für den offensichtlichen „Verfall des Übersetzungswesens" blieben keine Akteur:innen des Literaturmarktes verschont. Verleger wurden dafür kritisiert, sich gegenseitig anzustacheln und mit „Dumping-Preisen" und knappen Terminvorgaben die Übersetzer:innen unter noch mehr Geldnot und Zeitdruck zu setzen (vgl. Bachleitner 1989: 8 ff.). Nicolai warf Verlegern zudem Wahllosigkeit bei der Auswahl der zu übersetzenden Werke vor (vgl. Nicolai 1773: 100ff.). Während Anfang des 18. Jahrhunderts noch Gelehrte Vorschläge machten, was übersetzt werden sollte, nahmen das die Verleger und Übersetzer:innen in den folgenden Jahrzehnten – scheinbar teilweise mit unzureichendem Erfolg – selbst in die Hand (vgl. Willenberg 2008: 219 & 227). Auch die Leser:innen wurden angeklagt, und zwar für ihre Ungeduld bzw. „Lüsternheit", die wiederum die Übersetzer:innen zur Eile drängte (Bachleitner 1989: 11 & Willenberg 2008: 247), sowie für ihre Leichtgläubigkeit und Ignoranz, mit der sie mangelhafte Übersetzungen akzeptierten (vgl. Nicolai 1773: 106).

bei der bereits veröffentlichte Übersetzungen meist nur minimal überarbeitet erneut veröffentlicht wurden (vgl. Bachleitner 1989: 15).

In dieser Zeit empfanden viele Übersetzer:innen ihre Tätigkeit als unangenehme „Brodtarbeit" und als „litterarische Handlangerarbeit" (zit. nach Richter 1899: 3), die allerdings im Vergleich zum Aufwand besser bezahlt war als die Schriftstellerei (vgl. Bachleitner 1989: 11f. & Scherl 2014: 53f.), und erklärten die fabrikartige Übersetzungspraxis als unzulänglich (vgl. Bachleitner 1989: 12 & Stern 1990: 216). Friedrich Schlegel hingegen fand positive Worte für die fabrikmäßige Literaturproduktion:

> Man glaubt Autoren oft durch Vergleichung mit dem Fabrikwesen zu schmähen. Aber soll der wahre Autor nicht auch Fabrikant seyn? Soll er nicht sein ganzes Leben dem Geschäft widmen, litterarische Materie in Formen zu bilden, die auf eine große Art zweckmäßig und nützlich sind? Wie sehr wäre manchem Pfuscher nur ein geringer Theil von dem Fleiß und der Sorgfalt zu wünschen, die wir an den gemeinsten Werkzeugen kaum noch achten! – August Wilhelm Schlegel & Friedrich Schlegel (1798: 111)

4.5 Frauen im Übersetzungsbetrieb

Im literarischen Betrieb hatte das in der Frühaufklärung entstandene Ideal des „gelehrten Frauenzimmers", obwohl kurz darauf diese Bezeichnung schon wieder als Schimpfwort galt (siehe Kapitel 5.1.1), dazu geführt, dass mehr Frauen zur Feder griffen, um zu schreiben und zu übersetzen (vgl. Willenberg 2008: 233f.). Die veränderten Arbeitsbedingungen auf dem Übersetzungsmarkt, insbesondere die Einführung von Honoraren und die Hinwendung des literarischen Interesses zu leichter zugänglichen Volkssprachen, erleichterten es im ausgehendem 18. Jahrhundert für Frauen eines gewissen Bildungsstands (meist aus dem Bürgertum), in diesem Markt Fuß zu fassen (vgl. Walter 2002: 18ff. & 25f.). Vor allem auch das geringere Ansehen der Übersetzung von Belletristik aus modernen Sprachen, das im Gegensatz zur Kunst der Übersetzung hoher Literatur stand,[47] erlaubte es Frauen, zumindest eine Randposition im literarischen Betrieb einzunehmen (vgl. Agorni 2005: 820).

Die Nachfrage an Übersetzungen war hoch, der Ausgangsstoff meist belletristisch, viele Werke wurden aus dem Englischen oder Französischen – zwei Sprachen, die zum bürgerlichen Bildungskanon zählten – übersetzt, und die Arbeit konnte zu Hause erledigt werden, sodass nicht unbedingt mit dem idealtypischen Frauenbild gebrochen werden musste bzw. die Tätigkeit verborgen werden konnte (vgl. Walter 2001: 68, Walter 2002: 25ff. & Scherl 2014: 55–58). So bot das Übersetzen vielen Frauen eine anonyme Einnahmequelle (vgl. Willenberg 2008: 233f. & siehe Kapitel 5.2.1).[48] Das Schreiben als Kunstform allerdings war Frauen weiterhin versperrt (vgl. Stern 1990: 206). Die „wahre" Schriftstellerei setzte nämlich Ehrgeiz voraus, der sich für eine Frau nicht ziemte (vgl. Stern 1990: 203). In der Nische des untergeordneten Übersetzer:innen*berufs* hatten Frauen, solange sie sich im literarischen Betrieb innerhalb der „weiblichen" Grenzen bewegten (vgl. Mergenthaler 2008: 307), eine gewisse Existenzberechtigung (vgl. Becker-Cantarino 2001: 123).

4.6 Übersetzerische Zusammenarbeit

„Collaborative translation" beschreibt die Übersetzungspraxis „where two or more translators work together to produce one translated product" (vgl.

47 Im Zuge der Entwicklungen der Übersetzungstheorie, -praxis und -wahrnehmung kam es zu einer Abwertung der Stellung von Übersetzungen und Übersetzer:innen, die nun nicht mehr der kulturellen, schaffenden Elite angehörten (vgl. Albrecht & Plack 2018: 125 & siehe Kapitel 4.1). Diese „Degradierung" galt in erster Linie „Berufsübersetzer:innen", die sich durch die mechanische und kopflose übersetzerische Tätigkeit ein Einkommen erarbeiteten. Hingegen galt die Tätigkeit von Übersetzer:innen als Zeitvertreib für Gelehrte (ohne Bezahlung bzw. ohne Wert auf die Bezahlung zu legen) (vgl. Albrecht & Plack 2018: 413ff.) weiterhin als kreativ, genial und literarisch wertvoll (vgl. Willenberg 2008: 254ff. & Bassnett 2013: 73f.).

48 Finanzielle Unabhängigkeit durch Übersetzung konnte Frauen vor Konvenienzehen bewahren, die Flucht aus unglücklichen Ehen erleichtern und für einen Lebensunterhalt im Witwenstand sorgen (vgl. Willenberg 2008: 237). Während sie von ihren männlichen Kollegen und oft nächsten Verwandten, welche teilweise von ihrer Arbeit profitierten, als Dilettantinnen und „unweiblich" verschrien wurden, balancierten diese Frauen gekonnt ihre häuslichen Pflichten, die literarische Tätigkeit und äußere Anforderungen (vgl. Willenberg 2008: 238).

O'Brien 2011: 17). Die Zusammenarbeit beim Übersetzen per se ist kein neues Phänomen.[49] Das Bild der Übersetzerin oder des Übersetzers im Elfenbeinturm ist ein Trugbild und entspricht nicht der historischen Realität, denn „historically speaking, translation has often been a collaborative act" (St. Andre 2010: 72). [50] Joanna Trzeciak Huss unterscheidet verschiedene Formen des gemeinsamen Übersetzens nach involvierten Akteur:innen (vgl. 2018: 450–456). Hier ist besonders die Kategorie der „companion collaborative translation" (partnerschaftlichen übersetzerischen Zusammenarbeit) interessant. Trzeciak Huss beschreibt die Zusammenarbeit von Co-Übersetzer:innen, die gleichzeitig Lebenspartner:innen sind.[51] Auch im 18. und 19. Jahrhundert war die Zusammenarbeit bei Übersetzungen vermutlich mehr Regel als Ausnahme.[52] Die in Kapitel 4.3 besprochenen Übersetzungsfabriken etwa sind eine

49 Zu einer der ersten dokumentierten gemeinsamen Übersetzungen zählt die Septuaginta von Hebräisch-Aramäisch in Koinē-Griechisch im 3. Jahrhundert v. Chr., und auch in späteren Übersetzungen der heiligen Schrift und anderer christlicher Texte wurde auf die Zusammenarbeit von Experten verschiedener Bereiche gesetzt. Nicht nur im Westen kam Teamarbeit zum Einsatz, sondern auch z.B. in China wurden sowohl religiöse als auch säkulare Texte in Zusammenarbeit übersetzt (vgl. Jimènez-Crespo 2017: 38f.). Insbesondere in der Renaissance war Zusammenarbeit bei Übersetzungen eher die Regel als die Ausnahme (vgl. Cordingley & Frigau Manning 2017: 5f.), dennoch wurde oft nur ein einzelner Übersetzer (oder seltener eine einzelne Übersetzerin) genannt bzw. in den Paratexten thematisiert (vgl. Cordingley & Frigau Manning 2017: 1).

50 Der Mythos der einsamen Übersetzerin oder des einsamen Übersetzers wurde unter anderem „geschaffen", um Übersetzungen bzw. Texten eine „poetic unity and singular authority" (Cordingley & Frigau Manning 2017: 1) zu verleihen, und ist eine Übertragung des postromantischen Konzepts des einsamen, genialen Autors (oder seltener der Autorin) auf Übersetzer:innen (vgl. Cordingley & Frigau Manning 2017: 1f.).

51 Trzeciak Huss schreibt der körperlichen und emotionalen Nähe und der oft unterschiedlichen Herkunft bei „companion collaborative translators" großes Potenzial zu. Sie sieht den Erfolg einer solchen Zusammenarbeit darin begründet, dass die Übersetzer:innen von unterschiedlichen nationalen Hintergründen stammen, die oft die Ausgangs- und Zielsprache widerspiegeln. Trzeciak Huss geht zudem davon aus, dass sich die Paare höchstwahrscheinlich über ein gemeinsames Interesse an Kultur oder Literatur kennengelernt haben und sich durch ihre Partnerschaft die Vertrautheit mit beiden Kulturen verstärkt hat, was sich positiv auf die Übersetzungspraxis auswirken kann (vgl. Trzeciak Huss 2018: 451ff.).

52 Übersetzerische Zusammenarbeit wurde allerdings meist nicht dokumentiert. Selbst bei der Zusammenarbeit männlicher Übersetzer wurde der Co-Übersetzer meist nicht genannt. Nur selten, wenn bekannte Persönlichkeiten miteinander an einer Übersetzung gearbeitet hatten, wurde die Zusammenarbeit in der Vorrede thematisiert und belegt (vgl. Willenberg 2008: 232f.).

Form von gemeinsamer Übersetzungspraxis, also von „collaborative translation". Hier gab es meist klar getrennte Aufgaben, und beide Partner:innen profitierten finanziell von der Arbeit (ökonomisches Kapital[53]), während der namensgebende Übersetzer[54] zudem Renommee (symbolisches Kapital) dazugewann. In dieser Forschungsarbeit wird die partnerschaftliche übersetzerische Zusammenarbeit der ausgewählten Übersetzer:innenehepaare aufgezeigt. Während Ehefrauen zum Teil Rohübersetzungen fertigten, revisionierten oder korrigierten, kann auch die Arbeit als Sekretärin, Kopistin, kritische Leserin und sonstige Unterstützerin der übersetzerischen bzw. literarischen Tätigkeit der Partnerin oder des Partners zur Kategorie der „companion collaborative translation" gezählt werden. Denn wie Trzeciak Huss schreibt: „... just because all translation is collaborative does not mean that all collaborators are translating" (Trzeciak Huss 2018: 1). Jack Stillinger beschrieb 1991 die Zusammenarbeit beim Verfassen von Texten und erklärte, dass ein Text die Zusammenarbeit der genannten Autorin oder des genanntes Autors und „a friend, a spouse, a ghost, an agent, an editor, a translator, a publisher, a censor, a transcriber, a printer, or – what is more often the case – several of these acting together or in succession" (1991: v) sein kann. Das Gleiche gilt für die Zusammenarbeit beim Übersetzen (vgl. Jansen & Wegener 2013: 5). Noch gibt es allerdings keine „Kategorisierung" der verschiedenen Formen der partnerschaftlichen übersetzerischen Zusammenarbeit im ausgehenden 18. Jahrhundert. Eine solche Zusammenarbeit kann auf Ebene des ökonomischen, symbolischen und/oder inkorporierten kulturellen Kapitals für beide Seiten vorteilhaft sein. Anderseits kann aber auch nur eine Partnerin oder ein Partner von der Zusammenarbeit profitieren, während die/der andere Partner:in bewusst bzw. gewollt oder unbewusst bzw. ungewollt im Schatten bleibt. Darüber hinaus liegt es nahe, dass

53 In diesem Kapitel, wie auch in Kapitel 5, wird auf das Begriffsinstrumentarium, das Pierre Bourdieu in seinem Konzept der „Feldtheorie" geprägt hat, zurückgegriffen, welche wiederholt zur Analyse bzw. Beschreibung von Übersetzungsphänomenen verwendet wurde (vgl. Prunč 2012: 315). Für einen Überblick dieser Theorie und ihrer Anwendung in der Translationswissenschaft siehe Kapitel 10 in *Entwicklungslinien der Translationswissenschaft: Von den Asymmetrien der Sprachen zu den Asymmetrien der Macht* (Prunč 2012: 315–336).

54 Verwendung der männlichen Form, da im Untersuchungszeitraum vermutlich nur männliche Übersetzer diese Rolle übernahmen.

hinter der Übersetzungspraxis der partnerschaftlichen übersetzerischen Zusammenarbeit ähnliche Motivationen stehen, wie auch schon Nicolai (1773), Knufmann (1967) und Bachleitner (1989) bei ihren Kategorisierungsversuchen von Übersetzer:innen[55] feststellen konnten.[56] Zu den wichtigsten Gründen, übersetzerisch tätig zu werden, zählen die finanzielle Motivation, die „literarische" Ambition, die eigene Weiterbildung und, wie gezeigt werden wird, der Wunsch, die/den Partner:in zu unterstützen. Allerdings ist zu vermuten, dass Partner:innen bei einer Zusammenarbeit verschiedene oder unterschiedlich stark ausgeprägte Motivationen haben.

55 Nicolai, Knufmann und Bachleitner verwenden das generische Maskulinum. Hier wird allerdings eine inklusivere Form gewählt, da gerade im ausgehenden 18. Jahrhundert die Zahl an Übersetzerinnen stieg, auch wenn sie nicht unbedingt an die Öffentlichkeit traten und daher das Ausmaß und die „Form" der weiblichen übersetzerischen Tätigkeit nur schwer zu fassen sind.

56 Solche Typisierungen sind in gewisser Weise einschränkend, insbesondere weil eine eindeutige Zuordnung von Übersetzer:innen in derartige Kategorien weder möglich noch nötig ist – nicht zuletzt, weil die Übersetzer:innen im Laufe verschiedener Lebensphasen oder in einer Schaffensperiode in verschiedene Kategorien passen können (z.B. vgl. Willenberg 2008: 218f.). Doch gleichzeitig zeigt diese Darstellung in Typen, wie vielfältig die übersetzerische Tätigkeit, nicht nur bezüglich der Beweggründe, sondern auch der Praxis, im 18. und 19. Jahrhundert war, und sie liefert einen Einblick in die damalige Übersetzungskultur. Nicolai (1773) und Knufmann (1967) beschreiben Übersetzer:innen und die Übersetzungspraxis des 18. Jahrhunderts. Es ist zu beachten, dass gerade um 1800 das Übersetzungswesen eine maßgebliche Wende erlebt hat. Dennoch kann davon ausgegangen werden, dass auch wenige Jahrzehnte später ähnliche Typen existieren, wie dies beispielsweise die Ergebnisse Bachleitners (1989) nahelegen. Im Vergleich von Nicolais und Knufmanns Typologie zeigt sich, dass sowohl der Zeitgenosse als auch der Historiker zwischen Übersetzer:innen, die das Übersetzen aus finanziellen Gründen verfolgten, und denen, die es als Hobby betrieben, unterscheiden. Außerdem ist festzuhalten, dass beide Typisierungen aufdecken, dass viele Übersetzer:innen neben dem Übersetzen weitere Berufe ausübten. Diese Beobachtungen werden in Bachleitners Artikel *„Übersetzungsfabriken". Das deutsche Übersetzungswesen in der ersten Hälfte des 19. Jahrhunderts* (1989) bestätigt, in dem er indirekt eine Art Typisierung vornimmt. Auf der einen Seite sieht er Übersetzer:innen, die das Übersetzen als „poetische Leistung" betrachteten und sich dem vorherrschenden Zeitdruck entzogen. Auf der anderen Seite beschreibt er die „vielbeschäftigten Übersetzer:innen" als Übersetzer:innen, die neben der übersetzerischen Tätigkeit auch anderen Berufen nachgingen. Er unterteilt diese Zweit- bzw. Erstbeschäftigungen grob in die Kategorien „Journalismus & Redaktion", „Beamtentum", „Theater" und „Erziehungswesen" (vgl. 1986: 15f. & 25).

5 Vier Übersetzerinnen und ihre übersetzerische Tätigkeit

Im folgenden Kapitel werden die Lebenswege von Caroline Michaelis, Therese Heyne, Dorothea (Brendel) Mendelssohn und Wilhelmina Klencke beschrieben. Waren die Frauen in einer der folgenden Lebensphasen (Kindheit und Jugend, erste Ehe, Scheidung, Wiederheirat, Leben ohne Mann) übersetzerisch tätig, so wird im jeweiligen Abschnitt ihre Tätigkeit beschrieben sowie unter dem Aspekt der Zusammenarbeit beleuchtet. Jedem Unterkapitel ist eine kurze Einleitung vorangestellt, in der die gesellschaftlichen Normen bezüglich des entsprechenden Lebensabschnitts sowie etwaige Herausforderungen für Frauen dieser Zeit untersucht werden.

5.1 Kindheit und Jugend

> Gelehrt werden? Dafür behüte Sie Gott! Eine mäßige Lectüre kleidet dem Frauenzimmer, aber keine Gelehrsamkeit. Ein Mädchen, das sich die Augen rot gelesen, verdient ausgelacht zu werden.
> Moses Mendelssohn[57] (zit. nach Stern 1990: 26)

Das Thema „Erziehung" gewann im Laufe des 18. Jahrhunderts an Relevanz und mit Werken wie Rousseaus *Émile ou De L'éducation*[58] zog es in die literarischen Salons ein. Spätestens in den 1760er Jahren konnte die Forderung nach einer Reformation der Mädchenerziehung nicht mehr ignoriert werden. Eine der grundlegenden Fragen war, ob die Ausbildung im Elternhaus oder in Lehrinstitutionen stattfinden sollte. Sicher auch unter dem Einfluss Rousseaus wurde die Erziehung zu Hause bevorzugt. Allerdings war dies nur in privile-

57 Moses Mendelssohn an Fromet Gugenheim (verh. Mendelssohn), 10. November 1761.

58 Rousseau, Jean-Jaques (1762). *Émile ou De l'éducation*. Paris: Nicolas-Bonaventure Duchesne od. Amsterdam: Jean Néaulme.

gierten Kreisen möglich, wie etwa beim Adel und dem neuen Bildungsbürgertum (vgl. Sonnet 1994: 126f.).

Söhne, die als von Natur aus überlegen galten (vgl. Stern 1990: 27), erhielten weiterhin eine klassische Ausbildung mit Weiterbildung an höheren Schulen und Universitäten, die sie auf eine „ehrenvolle" Laufbahn vorbereiten sollten (vgl. Sonnet 1994: 119). Als zukünftige Gattinnen und – besonders wichtig – als zukünftige Mütter mussten Mädchen (zumindest rudimentär) gebildet werden, um ein Gespräch mit dem Ehemann führen und die Kinder zu ehrenvollen Bürgern erziehen zu können. Somit war die Erziehung zur frommen Hausfrau durch die Mutter und eine kirchliche Instanz nicht mehr ausreichend. Selbst die geforderte „erweiterte" Mädchenausbildung diente jedoch nicht den Mädchen selbst, sondern fand „im Hinblick auf die Männer" (zit. nach Sonnet 1994: 127) statt (vgl. Stern 1990: 27f. & Sonnet 1994: 125–129).

Neben Lesen, Schreiben und Rechnen (oftmals nur auf Grundschulniveau) lernten Mädchen von ihren Müttern die Haushaltsführung, die Versorgung von Kindern, Benehmen und Nadelarbeit. Zur Erziehung privilegierter Mädchen gehörten zudem Zeichnen, Musik und Tanz. Französisch lernten sie im besten Fall schon im Elternhaus und vertieften das Wissen idealerweise bei einem einjährigen Aufenthalt in einem Pensionat (vgl. Hahn & Fischer 1993: 10 & Sonnet 1994: 131). Das Lesen war für Frauen stark reglementiert. Romane galten als unmoralisch und „gelehrte Literatur" als unweiblich. Nur die Lektüre von historischen, geistlichen und moralischen Werken wurde für Mädchen als passend empfohlen (vgl. Hahn & Fischer 1993: 10).

Durch die veränderten Mädchenerziehungsideale des 18. Jahrhunderts wurde die Alphabetisierungsrate bei Frauen gehoben (vgl. Sonnet 1994: 148–150). Einige wenige Frauen erreichten durch diese neuen Ausbildungsmöglichkeiten sogar eine gewisse Freiheit, doch tatsächlich emanzipatorisch waren die Bemühungen nicht. Die Ausbildung der Mädchen stand in Abhängigkeit zum Mann, und jegliches Wissen von Frauen, das über den von Männern erwünschten weiblichen Bildungsstand hinausging, wurde mit Misstrauen betrachtet.

5.1.1 Weibliche Gelehrsamkeit – ein anhaltendes Tabu

Weibliche Gelehrsamkeit wurde spätestens seit der Renaissance mit den *Querelle des Femmes* diskutiert. Eine Ausbildung und das Bekleiden von Ämtern waren ein männliches Privileg, das in einer langen Tradition negativer Bibelexegese begründet wurde.[59] Gegner der weiblichen Ausbildung sahen gelehrte Frauen als „monstrum naturae", und weibliche Gelehrsamkeit wurde ausschließlich als Zeitvertreib reicher Damen geduldet. Jegliches überflüssige Wissen bei Frauen galt auch im ausgehenden 18. Jahrhundert als unschicklich und möglicherweise rufschädigend. Der Vater von Therese Heyne etwa vertrat den Standpunkt, dass „[e]ine Frau mit schlichtem Verstande [...] für einen lebhaften Geist ein großes Glück seyn [muss]", während er „[e]inen glänzenden Verstand, zumal an einer Frau, [...] nie für ein Glück an[sah]" und ihm ein Verstand „der glänzen will, [...] ein Jammer"[60] war (zit. nach Siegel 2000: 94). Eine Erziehung sollte Frauen ausschließlich zu guten Gattinnen, Müttern und Haushälterinnen und nicht zu Denkerinnen machen. Die „Beglückung" und die Reputation des Mannes standen im Vordergrund (siehe Kapitel 5.1). Zu viel Gelehrsamkeit konnte sogar die Chancen auf eine Ehe verschlechtern, denn viele Männer konnten mit einem weiblichen „Freygeist"[61] (zit. nach Hahn & Fischer 1993: 86) nichts anfangen, und auch potenzielle Schwiegereltern konnten an „zu viel Belesenheit und Verstand und zu wenig wirtschaftliche[n] Kenntnisse[n]"[62] (zit. nach Kleßmann 1975: 82) Anstoß nehmen. Das Wissen gebildeter Frauen musste hinter Bescheidenheit verborgen werden, um nicht mit dem Mann in einen Wettstreit zu treten (vgl. Stern 1990: 27f., Weber-Kellermann 1991: 22 & Kleßmann 2008: 100f.), und eine liebende

59 Eva, d. h. Frauen, galt als Zweitgeschaffene, der es an Gottesebenbürtigkeit mangelte. Adam, d. h. Männer, galt als „Ursprung und Grund" der weiblichen Existenz und der Mann als „Ziel" bzw. Sinn des weiblichen Daseins. Dieser Argumentation zufolge war die Frau „naturgegeben" dem Mann untergeordnet (vgl. Gössmann 1988: 188f.).

60 Christian Gottlob Heyne an Georg Forster, 1791.

61 „[...] er fand [...] die Coquette und den Freygeist in ihr. [...] jene Entdeckung [war] genug, sie meinem Bruder gleichgültig zu machen" – Caroline Michaelis an Luise Gotter und Wilhelmine Bertuch, 28. Mai 1784 (zit. nach Hahn & Fischer 1993: 86).

62 Elise Bürger (geb. Hahn) an ihre Mutter, 11. Oktober 1791.

Partnerschaft mit Gleichberechtigung war den meisten Bürgerstöchtern nicht vergönnt. Was ihnen bevorstand, war meist eine frühe, arrangierte, oft lieblose Ehe (vgl. Kleßmann 1975: 44). Die Frau war dem Mann untergeordnet und mehr Objekt als Partnerin. So blieben die eigenen Wünsche und Träume meist unerfüllt. Diese Situation galt als gottgewollt. Wagte es eine Frau, sich zu widersetzen, folgten gravierende gesellschaftliche Sanktionen (vgl. Kleßmann 1975: 21f.). Als Frau leben zu wollen, war eine „unerhörte Kühnheit" (Damm 2009: 11). Insbesondere das Argument, Frauen seien weniger gottesähnlich, wurde genutzt, um ihnen die Privilegien, die Männer genossen, abzusprechen. Demgegenüber standen einige wenige mutige Schriftstellerinnen, die sich für eine intellektuelle und moralische Gleichstellung starkmachten, und Männer, damals als „Frauenfreunde" bezeichnet, die sich für Frauen einsetzten, wenn auch teilweise nur für eine verbale anstatt für eine reale Verbesserung der Situation (vgl. Gössmann 1988: 185–190).

Diese gespaltene Einstellung gegenüber weiblicher Gelehrsamkeit war ein häufiges Thema in Romanen und wurde von „realen" Frauen reflektiert und meist akzeptiert. Caroline Michaelis zum Beispiel schrieb an eine Freundin: „Man schätzt ein Frauenzimmer nur nach dem, was sie als Frauenzimmer ist" (zit. nach Kleßmann 1975: 49). Sie selbst stand der „sonderbaren Erziehung"[63] der jungen Dorothea Schlözer (verh. Rodde) kritisch gegenüber (vgl. Kleßmann 1975: 48f.) und verurteilte außerdem ihre Nachbarin Philippine Gatterer (verh. Engelhard), die als junge Frau einige Gedichte teilweise unter Decknamen veröffentlichte, für ihre mangelnde Bescheidenheit (vgl. Kleßmann 2008: 75ff.). Auch Therese Heyne hatte das restriktive Idealbild der Frau verinnerlicht. Sie versuchte, ihre Rolle als Frau und ihre schriftstellerische Tätigkeit durch die Bescheidenheitsstrategie zu überdecken (siehe Kapitel 5.4.2.2). Ganz im Gegensatz dazu war sich Wilhelmina Klencke früh ihres eigenen Wertes bewusst. Von Beginn ihrer Karriere an veröffentlichte sie unter ihrem eigenen Namen und nur selten pseudonym (Sylvandra), prenonym (Helmina/Helmine), oder mit dem Zusatz „Enkelin der Karschin" (vgl. Kewitz 2004: 14). Später im Leben

63 Dorothea Schlözer wurde von ihrem progressiven Vater ungewöhnlich ausführlich und wissenschaftlich erzogen bzw. ausgebildet (vgl. Kleßmann 2008: 104–125).

jedoch überlegte sie, ob „es nicht sichrer u schöner [wäre] ganz eine Frau [zu] bleiben“[64] (zit. nach Kewitz 2004: 46 & siehe auch Kapitel 5.5.4).

5.1.2 Göttinger Universitätsmamsellen – Caroline Michaelis und Therese Heyne

In der zweiten Hälfte des 18. Jahrhunderts mischten die fünf Göttinger Universitätsmamsellen,[65] Töchter von Universitätsprofessoren, die Göttinger Gesellschaft auf.[66] Sie überschritten auf die eine oder andere Weise und zu geringerem oder größerem Ausmaß die Grenzen, in denen sich Frauen der damaligen Zeit zu bewegen hatten. Drei dieser Göttingerinnen, Therese Heyne, Caroline Michaelis und Meta Wedekind, trafen im letzten Jahrzehnt des 18. Jahrhunderts in Mainz erneut aufeinander, wo es zur übersetzerischen Zusammenarbeit in einer frühen Form der Übersetzungsfabrik unter Thereses erstem Ehemann Georg Forster kam (siehe Kapitel 5.2.2).

5.1.2.1 Caroline Michaelis

Carolines Vater Johann David Michaelis war ein wichtiger Mann in Göttingen. Seine Familie bewohnte das größte und prächtigste Haus Göttingens, die ehemalige „Londonschenke“, und seine Kenntnis des Alten Testaments und seine Arbeit als Orientalist zogen Studenten und renommierte Gäste an (vgl. Kleßmann 1975: 29f. & Kleßmann 2008: 70–73). Caroline kam am

---

64 Wilhelmina Klencke Hastfer von Chézy an Therese Heyne Forster Huber, Dezember/Januar 1821.

65 Philippine Gatterer (verh. Engelhard), Caroline Michaelis (verh. Böhmer Schlegel Schelling), Therese Heyne (verh. Forster Huber), Meta Wedekind (verh. Forkel Liebeskind) und Dorothea Schlözer (verh. Rodde).

66 Göttingen war seit der Gründung der Universität (1734) bis zur Jahrhundertwende von einer Stadt, die schon bessere Tage gesehen hatte, zu einer lebendigen, liberalen Universitätsstadt mit beinahe 10.000 Einwohnern erblüht (vgl. Kleßmann 2008: 28f.). Hier trafen geistige Größen wie Christian Gottlob Heyne, Vater von Therese, Karl Johann Friedrich Blumenbach, Georg Christoph Lichtenberg und Johann David Michaelis, Vater von Caroline, aufeinander (vgl. Hahn & Fischer 1993: 14). Einen nicht geringen Teil der Einwohnerschaft machten die Studenten und Professoren aus. Die Professoren und ihre Familien blieben oft unter sich und gerade die Töchter sollten vor den „groben“ Studenten geschützt werden (vgl. Kleßmann 2008: 28ff.).

2. September 1763 zur Welt. Das Familienleben im Haus Michaelis, in dem auch Studenten zur Untermiete lebten, war distanziert. Der Vater behauste den ersten Stock, während die Mutter mit den Kindern im Erdgeschoss lebte (vgl. Kleßmann 2008: 74). Im Alter von neun Jahren hatte Caroline einen Hauslehrer, den Theologiestudenten Georg August Borchers, der sie bis 1775 unterrichtete (vgl. Kleßmann 1975: 33 & 286). Danach besuchte Caroline ein Internat in Gotha (vgl. Kleßmann 2008: 75). Weder über die Inhalte des Hausunterrichts noch über die Zeit am Internat ist viel bekannt, doch mit der intensiven Förderung ihres Vaters, der Caroline unter anderem Texte abschreiben ließ, sie anregte zu übersetzen, Unterhaltungen mit ihr führte und ihr Zugang zu seiner Bibliothek wie auch zu einem Kreis an Gelehrten ermöglichte, erhielt Caroline zumindest eine gewisse Ausbildung (vgl. Dischner 1979: 11 & Damm 2009: 20). Gisela Dischner stellt die Vermutung auf, dass Carolines Erziehung als Kompensation für ihr Aussehen (angeblich schielte sie und hatte Pockennarben) gedacht war (vgl. 1979: 11) – so wäre dem „Erziehungsratschlag" Johann Bernhard Basedows[67] für die Zukunftsplanung „häßliche[r] und gebrechliche[r] Töchter" (zit. nach Kleßmann 1975: 15) gefolgt worden. Caroline war eine leidenschaftliche Leserin. Neben zeitgenössischer deutscher Literatur las sie unter anderem Shakespeare, Milton, Pope, Hume und Young. Spätestens ab 1781 las sie englische Literatur und ab 1792 französische Literatur im Original (vgl. Murtfeld 1973: 16 & Kleßmann 2008: 77f. & 181). Sie lernte Italienisch (vgl. Dischner 1979: 15) und übersetzte 1778 Komödien von Carlo Goldoni (vgl. Kleßmann 2008: 77). Ihre Italienischkenntnisse vertiefte sie 1799 unter der Anweisung Friedrich Schlegels (vgl. Kleßmann 1975: 196).

Obwohl sich Caroline als sehr junge Frau in den Juristen W. Link verliebte, was sie schon früh in Verruf gebracht hatte (vgl. Dischner 1979: 15), war sie keine leidenschaftliche Verehrerin der Idee der Liebe. Sie zog Romane ohne Liebesgeschichten vor (vgl. Kleßmann 2008: 77f.) und wollte lieber nicht heiraten: „Ich würde, wenn ich ganz mein eigener Herr wäre und außerdem in einer anständigen und angenehmen Lage leben könnte, weit lieber

67 Basedow, Johann Bernhard (1770). *Das Methodenbuch für Väter und Mütter der Familien und Völker*. Altona/Bremen: Cramer.

gar nicht heiraten und auf andre Art der Welt zu nutzen suchen"[68] (zit. nach Kleßmann 1975: 53).

5.1.2.2 Therese Heyne

Therese Heyne, geboren am 7. Mai 1764, war das dritte Kind des bekannten Philologieprofessors Christian Gottlieb Heyne. Therese Heynes Erziehung war unsystematisch und meist autodidaktisch, was wahrscheinlich der Grund für ihre mangelnden Grammatik- und Rechtschreibkenntnisse war (vgl. Hahn & Fischer 1993: 9f.). Sie erlebte ihre Kindheit als sehr unglücklich und beschrieb sie als eine Zeit der Vernachlässigung von Seiten der ungeliebten Mutter. Im Gegensatz zur exzentrischen Mutter liebte Therese ihren Vater sehr, dieser war jedoch wegen hoher Arbeitsbelastung selten anwesend (vgl. Hahn & Fischer 1993: 9). Neben Unterricht von ihrem Bruder und Studenten ihres Vaters (vgl. Hahn 1998: 107) lernte Therese in den ersten Jahren vor allem durch ausgiebige Lektüre der Bücher ihres Vaters. Laut eigener Aussage las und schrieb sie mit vier Jahren, verfasste mit sechs ihre ersten Briefe und Aufsätze und verschlang im Alter von neun Jahren englische Romane in Übersetzung (vgl. Kewitz 2004: 11).

Nach dem Tod der Mutter verbrachte Therese 1777 etwa ein Jahr in einem französischen Pensionat in Hannover (vgl. Hahn & Fischer 1993: 10f.). Ihr Vater hatte erneut geheiratet, und zwar die 24 Jahre jüngere Georgine (geb. Brandes), mit der sich Therese ihr Leben lang gut verstand (vgl. Riepl-Schmidt 2016: 30). Auch wenn Therese später sagen wird, „als Kind lernte ich fast nichts"[69] (zit. nach Hahn & Fischer 1993: 10), hatte sie dennoch einen besseren Start ins Leben als die meisten Frauen Mitte des 18. Jahrhunderts (vgl. Heuser 2013: 159 & Riepl-Schmidt 2016: 27). Sie wuchs in der Umgebung von Gelehrten auf, konnte dort ihre Kommunikationsfertigkeiten üben und ihr Wissen in Gesprächen erweitern (vgl. Hahn & Fischer 1993: 10f. & Hahn 1998: 107). Zudem hatte sie Zugriff auf die gut sortierte Bibliothek ihres Vaters, aus der sie französische und englische Bücher im Original las (vgl. Heuser 2013: 159f.).

68 Caroline Michaelis (später Böhmer Schlegel Schelling) an Louise Gotter, 1. November 1781.

69 Therese Heyne Forster Huber an Karl August Böttinger, 10. Januar 1816.

Im Alter von 20 Jahren machte sie mit ihrem Onkel Karl Johann Friedrich Blumenbach eine Bildungsreise durch die Schweiz nach Italien – ein Luxus, der den wenigsten Frauen damals vergönnt war (vgl. Hahn 1998: 107). Dort traf sie auf literarische Größen wie Goethe, Herder, Lavater und Pestalozzi (vgl. Hahn & Fischer 1993: 14). Darüber hinaus führte ihr Vater, trotz seiner negativen Einstellung gegenüber der Gelehrsamkeit von Frauen, seine geliebte Tochter Therese in die literarische Welt ein. Er ließ sie zum Beispiel 1782 heimlich eine Rezension zu Friedrich Wilhelm von Ramdors *Kaiser Otto der Dritte* schreiben, die natürlich nicht unter ihrem Namen erschien, um ihren Ruf nicht zu „ruinieren" (vgl. Hahn & Fischer 1993: 11 & Kleßmann 2008: 93). Laut Mascha Riepl-Schmidt korrigierte Therese sogar die Aufsätze der Studenten ihres Vaters (vgl. 2016: 27). Therese lernte also schon früh, den Männern in ihrem Leben zuzuarbeiten, erlas sich ein breites Wissen und lernte in Elternhaus und Pensionat Französisch. Ihre spätere Tätigkeit als Übersetzerin zeigt, dass sie im Laufe ihres Lebens auch die englische Sprache erlernt hatte. Es liegt nahe, dass sie spätestens mit ihrem ersten Ehemann, Georg Forster, der in England aufgewachsen war, diese Sprachkenntnis erwarb.

5.1.3 Tochter eines jüdischen Philosophen – Brendel (Dorothea) Mendelssohn

Brendels Vater Moses Mendelssohn, ein Buchhalter, später der Geschäftsführer einer Seidenmanufaktur und ein prominenter Philosoph der Aufklärung (vgl. Becker-Cantarino 2000: 117), kämpfte für die Verbesserung der Situation von Juden im 18. Jahrhundert[70] und sprach sich für eine „innere Reform" aus. Er forderte seine jüdischen Mitbürger zur aktiven Integration bzw. Assimilation durch das Erlernen der deutschen Sprache auf (vgl. Stern 1990: 18f. & Becker-Cantarino 2000: 117). Diese Forderung stellte er auch an seine Kinder,

70 Im 18. Jahrhundert erfuhren Juden schwere Diskriminierung. War man reich und/oder hatte man einen Schutzbrief vorzuweisen, konnte man mit weniger Einschränkungen leben. Die meisten Juden jedoch lebten in Ghettos und sprachen ausschließlich Jiddisch. Bildung und Geld waren der einzige Weg aus dem Ghetto, führten allerdings gleichzeitig zur Verhärtung der Ressentiments gegen Juden, denn bald wurde Juden vorgeworfen, zu gebildet und zu reich zu sein (vgl. Stern 1990: 15f. & Weissberg 1995: 250f.).

die alle ein „reines und gepflegtes" Deutsch sprachen. Eine Seltenheit im gesamten Bürgertum, da viele Erzieher:innen aus Frankreich stammten und somit Kinder aus bürgerlichen Familien die „Muttersprache" oft nur mangelhaft erlernten (vgl. Stern 1990: 28f.). Brendel (später Dorothea) Mendelssohn wurde am 24. Oktober 1764 in Berlin geboren. Als Tochter eines recht wohlhabenden Mannes genoss sie eine standesgemäße Erziehung. Sie lernte Klavierspielen und Französisch. Von ihrer Mutter lernte sie Hauswirtschaftliches (vgl. Stern 1990: 24 & 28). Manchmal durfte Brendel sogar am Unterricht ihrer Brüder teilnehmen (vgl. Becker-Cantarino 2000: 117f.). Diesem Unterricht waren für sie als Mädchen natürlich gewisse Grenzen gesetzt. So erhielt Brendel etwa keine philosophische Erziehung (vgl. Stern 1990: 26), denn selbst als Aufklärer sah der Vater zu viel Belesenheit bei Frauen nicht gerne (vgl. Becker-Cantarino 2000: 117f.). Auch ihre religiöse „Bildung" fiel knapp aus (vgl. Janetzki 1984: 58). Stattdessen lernte sie als Zuschauerin bei den Nachmittagstreffen ihres Vaters unter anderem einen angemessenen gesellschaftlichen Umgang (vgl. Stern 1990: 19f. & Becker-Cantarino 2000: 117f.). Mit Lektüre bildete sich Brendel weiter. Sie las Goethes *Die Leiden des jungen Werther*, die Gedichte Gleims, aber auch Claudius, Klopstock und Rousseau sowie geschichtliche Bücher (vgl. Stern 1990: 29f. & 37 & Hertz 2009). Schon als junge Frau sprach sie drei Sprachen – Jiddisch, Deutsch und Französisch – und im Laufe ihres Lebens erlernte sie zudem Spanisch (vgl. Stern 1990: 228). Gibbels schreibt ihr darüber hinaus Englischkenntnisse zu (vgl. Gibbels 2018: 139).

5.1.4 Erziehung zur Dichterin – Wilhelmina (Helmina) Klencke

Wilhelmina war Dichterin in dritter Generation und als genau das sah sie sich – als Nachfolgerin ihrer berühmten Großmutter (vgl. Kewitz 2004: 17) und als „vom lieben Gott verwöhntes lyrisches Talent" (Stern 1990: 190). Sie war die Tochter der Dichterin Karoline Karsch und des Offiziers Karl Klencke. Die Ehe ihrer Eltern hielt nur knapp ein Jahr und zerbrach nach Angaben Wilhelminas an der Untreue ihres Vaters (vgl. Kewitz 2004: 14, 49 & 85). Am 26. Januar 1783 geboren, wuchs Wilhelmina Klencke im Haus ihrer berühmten Großmutter Anna Luise Karsch (gesch./verw. Hirsekorn, geb. Dürbach) auf, die als „deutsche Sappho" unter dem Namen „die Karschin" allseits für ihre

Gedichte bekannt war (vgl. Hundt 1997b: 49f.). Die Großmutter als starkes weibliches Oberhaupt der Familie – eine an sich schon untypische Familienstruktur im ausgehenden 18. Jahrhundert – prägte Wilhelmina und brachte ihr ein Selbstbewusstsein und eine gewisse Selbstverständlichkeit im literarischen Betrieb bei, wie sie nicht vielen Frauen der damaligen Zeit vergönnt war (vgl. Hundt 1997b: 49–52).

Ihre Mutter erzog Wilhelmina eher ungeregelt und sporadisch und sorgte sich – zu Wilhelminas späterem Leid – vor allem um die geistige, also die „männliche" Entwicklung ihrer Tochter. Die Vermittlung „weiblicher Fertigkeiten" kam dabei zu kurz (vgl. Kewitz 2004: 14ff. & 90). Zehn Jahre wurde Wilhelmina von ihrer Mutter unterrichtet, und drei Jahre lang hatte sie verschiedene Lehrer (vgl. Kambas 1996/2012: 248). Wilhelmina konnte, ihren eigenen Erinnerungen zufolge, mit vier Jahren lesen (vgl. Hundt 1997b: 53) und verspürte mit 14 „den ersten schöpferischen Trieb" (Chézy 1818: 67). Den für die bürgerliche Erziehung wichtigen Zeichenunterricht erhielt sie von Daniel Chodowiecki, der ihr auch die Türen zu seiner Bibliothek öffnete (vgl. Hundt 1997b: 52). Im Alter von 15 Jahren wurde sie von Ludwig von Voß in Physik unterrichtet. Ihm schrieb Wilhelmina, von ihrer Mutter veranlasst und unter deren Aufsicht, Briefe, um ihre Schreibfertigkeit zu verfeinern (vgl. Hundt 1997b: 54f.). Sie arbeitete also schon früh gezielt und erfolgreich an ihrer Schreibfertigkeit, doch es wurde nicht konsequent auf ihre Grammatik und Syntax geachtet (vgl. Hundt 1997b: 55 & Kewitz 2004: 15). Karolina war begeistert von ihrer Tochter, die Großmutter gab sich lobend und aufmunternd, und die Gesellschaft war von Wilhelminas „überdurchschnittlicher Beobachtungsgabe" eingenommen (vgl. Hundt 1997b: 54f. & Kewitz 2004: 14f.).

Wie die Universitätsmamsellen und Brendel Mendelssohn profitierte auch Wilhelmina Klencke von dem gelehrten Umfeld, in dem sie aufwuchs. Wobei in dieser Familie nicht etwa der Vater, sondern die Frauen für das anregende Umfeld sorgten (vgl. Hundt 1997b: 52f. & Kewitz 2004: 15). Im Laufe ihrer Erziehung genoss Wilhelmina auch Sprachunterricht, wobei nicht überliefert ist, in welchen Sprachen dies geschah. Ihr übersetzerisches Œuvre zeigt, dass sie Französisch und Englisch beherrschte (vgl. Gibbels 2018: 38). In einem Brief an Therese Heyne Forster Huber (Dezember/Januar 1821) berichtete sie zudem von rudimentären Persischkenntnissen (vgl. Kewitz 2004: 45).

5.2 Ehe

> Der Mann ist das Haupt der ehelichen Gesellschaft; und sein Entschluß giebt in gemeinschaftlichen Angelegenheiten den Ausschlag.
> *Allgemeines Landrecht für die Preußischen Staaten*, 1794 (Shajkovcic: IV § 184)

Um 1800 wandelte sich die „Epochenimagination" der Ehe vom vormodernen Konzept des „ganzen Hauses" hin zum modernen Modell der „bürgerlichen Kleinfamilie" (vgl. Schmid-Voges 2010: 10). In *Julie ou la Nouvelle Héloïse*[71] popularisierte Rousseau 1761 die Idee, dass die Liebe Voraussetzung für Ehe sein sollte, anstatt umgekehrt (vgl. Stern 1990: 8 & 349). Den realen Wandel zur Liebesehe gab es allerdings vor der Jahrhundertwende nicht. Die Ehe blieb autoritär-patriarchalisch (vgl. Weber-Kellermann 1991: 10f.). Frauen wurden wie Besitz von der Obhut des Vaters in die Obhut des Gatten übergeben, und ihr gesamtes Leben wurde nur über das Verhältnis zu den Männern, die rechtlich für sie verantwortlich waren, definiert (vgl. Hufton 1994: 27). Die Verheiratung der Töchter war meist von ökonomischen Überlegungen geprägt, denn eine „gute Partie" konnte den Status der gesamten Familie heben (vgl. Weber-Kellermann 1991: 20 & Hufton 1994: 42). Obwohl das ausgehende 18. Jahrhundert Frauen der Oberschicht eine „gewisse Unabhängigkeit und Frische [und einen] Mut zum Unkonventionellen" (Weber-Kellermann 1991: 34) brachte, blieb die Gesellschaft höchst unemanzipiert. Die negative öffentliche Meinung über weibliche Gelehrsamkeit und Eigenständigkeit ließ für viele Frauen den Traum von Freiheit platzen, und die Rolle der Frau blieb beinahe unverändert (vgl. Weber-Kellermann 1991: 36f.).

In der Ehe war und blieb der Mann das Oberhaupt (vgl. Hahn 1998: 123). Ein Mann hatte Privilegien, von denen Frauen nur träumen konnten, und hatte die Macht, das gesamte Leben der Frau zu bestimmen. So gab es etwa Gesetze, die dem Mann das Recht zusprachen, über die Stillzeit der Ehefrau zu

71 Rousseau, Jean-Jacques (1761). *Julie ou la Nouvelle Héloïse*. Amsterdam: Marc-Michel Rey.

bestimmen.[72] Für die Frau hingegen galt das „Aufopferungsgebot". Die Ehefrau hatte sich mit „Pflichttreue, Selbstlosigkeit und Verstand [...] der schroffen Eigenartigkeit des an Geist und Bildung überlegenen, gelehrten Gatten [unterzuordnen]" (Putlitz 1885: 110f.). Die erste Pflicht der Frau sei, „nach dem Beifall ihres Mannes zu streben",[73] klagte die früh verheiratete Elisa von der Recke (zit. nach Weber-Kellermann 1991: 24). Selbst in der Romantik, der Jugendbewegung, in der sich Friedrich Schlegel beinahe progressiv für eine Art sexueller Gleichberechtigung von Frau und Mann aussprach (vgl. Stern 1990: 127–133 & Damm 2009: 47), war die aufopfernde, dienende Ehefrau, die für die Bequemlichkeit des Gatten sorgt, das Ideal. Diesem Ideal zu entsprechen, sei die Bestimmung der Frau, propagierte der Philosoph Johann Gottlieb Fichte kurz vor der Jahrhundertwende: „Die Ruhe des Weibes hängt davon ab, dass sie keinen anderen Willen habe als den seinigen. Je größer das Opfer, desto vollkommener die Befriedigung ihres Herzens" (Fichte 1845: 314). Das kulturelle Leitbild der Ehe mit der einhergehenden Idealvorstellung einer Ehefrau nahm auch im ausgehenden 18. und beginnenden 19. Jahrhundert tiefgreifenden Einfluss auf das Leben, darin eingeschlossen die Erwerbstätigkeit, von Frauen.

5.2.1 Arbeitende Ehefrauen – Erhalt der „Weiblichkeit" durch falsche Autor:innenschaft

Frauen der unteren Gesellschaftsschichten arbeiteten ganz unabhängig von ihrem Ehestatus. Junge ledige Frauen arbeiteten, um eine Mitgift oder zumindest eine Aussteuer zusammenzusparen. Als verheiratete Frauen der Unterschicht arbeitete man (neben der Kinderversorgung und dem Haushalt), um die Familie zu ernähren oder sich ein Auskommen für den Witwenstand zu garantieren (vgl. Hufton 1994: 28–46). Im Adel und im höheren Bürgertum hatten Frauen in der Ehe andere Pflichten, die einen (Neben)verdienst meist ausschlossen. Die Hauptaufgabe war der Prestigeerhalt des Ehemanns, das Muttersein, die Haushaltsführung und, wenn nötig, wohl auch die Unter-

72 „Wie lange sie aber dem Kinde die Brust reichen solle, hängt von der Bestimmung des Vaters ab" (Shajkovcic: II § 68).

73 Elisa von der Recke an Mademoiselle Stoltz, 3. August 1771.

stützung des Gattens auf allen anderen Gebieten. Für ledige Frauen höherer Schichten blieb die Arbeit als „Gouvernante, Hausdame oder Mantelschneiderin" (Hufton 1994: 59). Allerdings griffen im ausgehenden 18. Jahrhundert, wie in Kapitel 4.3 gezeigt wurde, besonders Frauen des Adels und des Bürgertums vermehrt zur Feder als „Beruf". Als Freizeitbeschäftigung reicher Damen war das Schreiben schon längere Zeit en vogue (vgl. Albrecht & Plack 2018: 414f.) und zählte nun für Frauen der Oberschicht, insbesondere verheiratete, als gesellschaftlich akzeptierte Einnahmequelle (vgl. Walter 2002: 25). Das Schreiben und Übersetzen konnte von zu Hause aus und unter der Aufsicht des Ehemanns erledigt werden, ohne zu stark mit dem vorherrschenden Idealbild zu brechen (vgl. Walter 2002: 24ff., Scherl 2014: 55–58 & siehe Kapitel 4.5). Dennoch wurden schreibende Frauen „beargwöhnt" (Hahn & Fischer 1993: 51). Besonders Ehefrauen sahen sich mit dem Vorwurf, ihren Mann zu vernachlässigen, konfrontiert und selbst scheinbar aufgeklärte Männer sprachen sich gegen Literatinnen aus. So war beispielweise Therese Heynes Vater nicht erfreut über die schriftstellerische und publizistische Tätigkeit seiner Tochter (vgl. Kewitz 2004: 12), und auch Friedrich Schlegel, der in manchen Beschreibungen fälschlicherweise (und anachronistisch) als „Vorläufer des Feminismus" bezeichnet wird (vgl. Stern 1990: 127), war davon überzeugt, Frauen sollten ihre Prosa und Lyrik anonym veröffentlichen (vgl. Hundt 1997b: 64).

Unter dem Einfluss dieser erdrückenden gesellschaftlichen Werte hatten viele schreibende Frauen des ausgehenden 18. Jahrhunderts selbst eine gespaltene Meinung zur literarischen Tätigkeit und kämpften damit, die Berufstätigkeit mit dem Idealbild von Weiblichkeit zu vereinen. In einem Briefwechsel über „Fraunzimmerschriftstellerey" zwischen Therese Heyne Forster Huber und Wilhelmina Klencke Hastfer von Chézy schrieb die ältere Therese: „[…] ich halte die Frau für viel glücklicher, die nie als Schriftstellerin genannt wird"[74] (zit. nach Kewitz 2004: 48). Einige Monate später klagte Therese abermals „O sicher ist jede Betriebsamkeit wenig<er> bitter wie die litterarische! […] Gott behüte jedes weibliche Geschöpf vor Schriftstellerey in ihrem Namen"[75] (zit. nach Kewitz 2004: 55). Bei diesen Zitaten fällt auf, dass sich Therese

74 Therese Heyne Forster Huber an Wilhelmina Klencke Hastfer von Chézy, 25. Mai 1821.

75 Therese Heyne Forster Huber an Wilhelmina Klencke Hastfer von Chézy, 16. August 1821.

nicht grundsätzlich gegen die weibliche Schriftstellerei aussprach. Tatsächlich scheint sie hier lediglich gegen die Veröffentlichung unter dem eigenen Namen zu argumentieren. Darin erkennt man die Strategien, anonym, pseudonym oder unter dem Namen von männlichen Anverwandten zu veröffentlichen, um den häuslichen und gesellschaftlichen Frieden nicht zu stören (vgl. Agorni 2005: 819). Für Frauen im 18. und 19. Jahrhundert bot die Veröffentlichung unter falscher Autorenschaft[76] viele Vorteile. Einerseits wurden die Werke somit nicht in die Schublade der „minderwertigen" Frauenliteratur gesteckt (vgl. Riepl-Schmidt 2016: 289) und anderseits konnte man als Frau „mit männlichem Namen" mehr verdienen.[77] Besonders wichtig war für Frauen der Schutz des eigenen Rufes (vgl. Becker-Cantarino 2000: 61f.). Der männliche Name diente als eine Art „Schutzschild" (vgl. Agorni 2005: 819). Veröffentlichte man unter dem Namen eines Mannes, konnte man zudem gegebenenfalls sogar den Ruf des Namensgebers verbessern. Die meisten Ehemänner akzeptierten es gerne, die Arbeit ihrer Frauen als die eigene auszugeben. August Wilhelm Schlegel zum Beispiel bekannte sich erst 1828 (fast 20 Jahre nach Carolines Tod) öffentlich zur Zusammenarbeit mit einer „geistreichen Frau" (vgl. Kleßmann 1975: 278). Der Vorteil dieser Lösung für Frauen war, dass sie hinter dem Namen des Mannes mehr Freiheiten hatten (vgl. Becker-Cantarino 2000: 61f.) und in gewisser Weise unangreifbar waren (vgl. Kewitz 2004: 13). Viele Frauen, unter anderem vermutlich Caroline, nahmen daher bewusst die „ruhmlose" Rolle der stillen Mitarbeiterin im Schatten des Mannes an und verzichteten dabei wahrscheinlich auf ein eigenes Einkommen, denn mit der Ehe mussten

---

76 Falsche Autor:innenschaft bzw. Übersetzer:innenschaft ist eine Strategie, die auch gelegentlich von Männern eingesetzt wurde und bis heute wird. Mit einer anonymen oder pseudonymen Veröffentlichung kann die/der Verfasser:in den eigenen Ruf schützen, sollte das Werk als zu „problematisch" oder zu „kritisch" empfunden werden (vgl. Willenberg 2008: 257). Als Vermarktungsstrategie kann ein Werk unter falscher Autor:innenschaft auch einen höheren Gewinn erzielen und Lesererwartungen lenken (vgl. Willenberg 2008: 257 & Damrau 2009: 429f.).

77 Die Lohndiskrepanz zwischen Frauen und Männern zeigt das Beispiel Thereses redaktioneller Arbeit für Johann Friedrich Cotta (1817/18–1823/24). Ein Vorgänger Thereses hatte 800 Gulden (= ca. 1.160 Taler) für die Redaktion des *Morgenblatts* verdient, während sie nur 700 Gulden (= ca. 1.015 Taler) verdiente. Ihr männlicher Kollege Müllner erhielt sogar 2.000 Gulden (= ca. 2.900 Taler) für die Redaktion der Beilage *Literaturblatt* allein (vgl. Hahn & Fischer 1993: 82ff. & Umrechnung basierend auf Flacker 2000: o. S.).

Frauen die Verfügungsbefugnis über eingebrachtes ökonomisches Kapital abgeben.[78]

In der Frühromantik waren die schreibenden Ehefrauen zwar am literarischen Geschehen beteiligt,[79] doch bestimmend und genannt blieben ihre Männer (vgl. Becker-Cantarino 2000: 59f.).

5.2.2 Zwei Vernunftehen – Caroline Michaelis Böhmer Schlegel

Trotz Carolines Skepsis gegenüber der Ehe heiratete sie 1784 Johann Franz Wilhelm Böhmer, der als Arzt in Clausthal im Harz tätig war (vgl. Kleßmann 2008: 85). Johann war ein anständiger Mann, doch konnte er Caroline keine intellektuelle Erfüllung bieten (vgl. Kleßmann 2008: 148f.). Caroline fühlte sich im kleinbürgerlichen Clausthal gefangen. Die „klassischen ehelichen Pflichten", wie etwa der Haushalt, boten ihr keine Erfüllung (vgl. Murtfeld 1973: 21 & Kleßmann 2008: 152). In dieser unglücklichen Vernunftehe, die sie mit Resignation ertrug (vgl. Damm 2009: 20–23), fand sie in der Versorgung ihrer Kinder, der Korrespondenz mit ihrer Schwester Lotte, die für reichlich Lesestoff aus Göttingen sorgte, und der Schulfreundin Luise Gotter (geb. Stieler) sowie dem Lesen Zuflucht (vgl. Murtfeld 1973: 21, Kleßmann 2008: 149f. & Damm 2009: 20–23). Sie las vermehrt Reisebeschreibungen und andere „weltvermittelnde" Literatur (vgl. Kleßmann 1975: 59f.). Im Februar 1788, Caroline war mit ihrem dritten Kind schwanger, starb Johann Franz Wilhelm Böhmer unerwartet. Sie zog zurück ins Elternhaus nach Göttingen (vgl. Kleßmann 2008: 152). Der frühe Tod des Ehemanns war eine Befreiung und Realitätskonfrontation (vgl. Damm 2009: 23). Obwohl Carolines Umfeld ihr zu einer schnellen Wiederheirat riet, lehnte sie sowohl das Angebot von August Wilhelm Schlegel 1788/89 und 1791 vom Generalsuperintendant Löffler ab (vgl. Murtfeld 1973: 22f., Kleßmann 1975: 125 & Kleßmann 2008: 157). Caroline war nicht nur in Georg Ernst Tatter, den Erzieher der englischen Prinzen, verliebt, sondern

78 „Was die Frau in stehender Ehe erwirbt, erwirbt sie, der Regel nach, dem Manne" (Shajkovcic: V § 211).

79 Zum Beispiel bei der Zeitschrift *Athenaeum*, dem Sprachrohr der Jenaer Romantiker, das Caroline zunächst zögernd, aber dann maßgeblich unterstützte (vgl. Damm 2009: 59).

wollte auch ihre Selbstständigkeit bzw. ihre gefühlte Freiheit erhalten sowie der Bevormundung durch Männer und der Pflicht, Kinder zu gebären, entkommen (vgl. Kleßmann 1975: 69f., 80 & 125 & Kleßmann 2008: 158).

Nach einigen Jahren im Kreis ihrer Familie zog Caroline 1792 zu ihrer Jugendfreundin Therese Heyne Forster und deren Ehemann Georg Forster nach Mainz (vgl. Kleßmann 2008: 173). Bald stieß eine weitere Bekannte aus Göttingen, Sophie Margarethe „Meta" Wedekind Forkel (später Liebeskind), die aus ihrer unglücklichen Ehe geflohen war, hinzu (vgl. Kleßmann 2008: 179). In Mainz musste Caroline selbst für sich und ihre Tochter sorgen. Die geringe Witwenpension war wohl nicht ausreichend. So sah sich Caroline gezwungen zu arbeiten. Sie bestickte Halstücher und übersetzte unter bzw. für Georg Forster (vgl. Kleßmann 1975: 92 & Damm 2009: 27). Dieser führte eine Art Übersetzungsfabrik, in der seine Ehefrau, der Liebhaber seiner Frau Ludwig Ferdinand Huber, Meta Wedekind Forkel und Caroline Werke übersetzten, die er meist unter seinem Namen herausgab (vgl. Roche 1994: 103 & 116 [Fußnoten 27 & 29]). Er übernahm dabei nicht nur die Rolle des „Namengebers", sondern sorgte unter anderem auch für das Übersetzungsmaterial (über Kontakte zu Gelehrten und Agent:innen im In- und Ausland). Besonders fruchtbar war in diesem Bereich die Beziehung zum Vater seiner Ehefrau Therese (vgl. Roche 1994: 5). Er vermittelte die Originale dann je nach Können an die entsprechenden Mitarbeiter:innen. Wenn die Übersetzung fertig war (er beteiligte sich unterschiedlich intensiv an diesem Prozess), lektorierte er das Werk und verfasste Anmerkungen sowie gegebenenfalls ein Vorwort. Als Hauptgrund für diese „fabrikmäßige" Arbeitsteilung identifiziert Geneviève Roche den Zeitdruck durch Messen und die außergewöhnliche Konkurrenz. Doch es liegt nahe, dass Georg auch von „Förderungsabsichten" motiviert war (vgl. Roche 1994: 103ff.). Insbesondere Meta Forkel, die er für besonders talentiert hielt, wollte er „zu einer geschickten Übersetzerin [bilden]"[80] (zit. nach Roche 1994: 109). Caroline erhielt Übersetzungsaufträge von Georg, zum Beispiel die Briefe des Marquis de Mirabeau. Der Umgang mit Georg war für Caroline maßgeblich bereichernd. Durch ihn gewann sie einen neuen Zugang zu Literatur und er motivierte sie auch, u. a. Revolutionsliteratur zu lesen und zu

80 Georg Forster an Johann Heinrich Voß, 28. Mai 1791.

reflektieren (vgl. Damm 2009: 30). Bei Georg durfte Caroline zum ersten Mal ein „Geistesmensch" sein, auch wenn sie nie ebenbürtig genug sein konnte, um ihm eine Gesprächspartnerin bezüglich politischer[81] und komplexer Themen zu sein (vgl. Damm 2009: 30).

In diesem Lebensabschnitt als junge Witwe griff Caroline wahrscheinlich hauptsächlich aus finanzieller Not zur Feder. Bedient man sich der Kategorisierung von Übersetzer:innen des 18. und 19. Jahrhunderts (siehe Kapitel 4.6), kann Caroline als „vielbeschäftigte Übersetzerin" nach Bachleitner (1989: 15f.) beschrieben werden, da sie neben dem Übersetzen auch Nadelarbeit anbot. Nach Knufmanns Terminologie, die Übersetzer:innen nach Übersetzungsmotivation kategorisiert, war Caroline eine „professionelle Übersetzerin" (1967: 2681f.), da sie finanziell motiviert war. Caroline trat allerdings nicht ohne männliche Hilfe in den literarischen Betrieb ein. Sowohl Georg als auch Caroline profitierten von ihrer übersetzerischen Zusammenarbeit. Caroline verdiente sich und ihrer Familie einen Unterhalt (ökonomisches Kapital) und gewann an Wissen und Erfahrung (inkorporiertes kulturelles Kapital). Georg verdiente vermutlich ebenso, wenn nicht mehr, an ihren Übersetzungen (ökonomisches Kapital) und konnte ihre Leistung als seine ausgeben (symbolisches Kapital). Es ist anzunehmen, dass Caroline bewusst auf die Veröffentlichung unter dem eigenen Namen verzichtete (dabei musste sie allerdings auch einen Teil der Bezahlung einbüßen), um mit dem Schutzschild des männlichen Namens ihren Ruf zu wahren (siehe Kapitel 5.2.1).

Unter der Besatzung von Mainz durch die Franzosen kam Forsters Übersetzungsfabrik zu einem jähen Ende. Therese Heyne Forster floh mit ihrem Liebhaber aus Mainz (siehe Kapitel 5.3.1.2). Caroline blieb mit Georg Forster zurück und kam bald als angebliche Geliebte Georgs[82] und des französischen

81 Unter dem Einfluss Georg Forsters und der Geschehnisse der Mainzer Republik begeisterte sich Caroline zumindest kurzzeitig für die Französische Revolution mit dem Ideal der sozialen Gerechtigkeit und sah in den Besatzern mehr Freund als Feind (vgl. Stern 1990: 140 & Kleßmann 2008: 186 & 191). Doch von politischen Theorien hielt sie sich fern (vgl. Kleßmann 1975: 103).

82 Diese Gerüchte wurden später von Therese weitergesponnen (vgl. Kleßmann 1975: 114 & 249). Allerdings betonte Caroline wiederholt, dass sie nur mütterliche Freundschaftsgefühle

Generals Custine in Verruf (vgl. Kleßmann 1975: 103, 113 & 130). Als sie am 30. März unter anderem in Begleitung ihrer Freundin Meta Wedekind Forkel und den Kindern der beiden Frauen Richtung Gotha floh, wurden sie von einem preußischen Vorposten festgenommen und zunächst in Königstein, dann in Kronberg festgehalten. Die Festnahme geschah ohne gesetzliche Grundlage und wurde vor allem mit der Verbindung der Frauen zu führenden revolutionären Persönlichkeiten (Georg Forster, Carolines Schwager Böhmer und Georg Wedekind) begründet (vgl. Muncker 1890, Kleßmann 1975: 111f. & Riepl-Schmidt 2016: 230f.). In der Gefangenschaft entdeckte Caroline, dass eine leidenschaftliche Nacht, die sie mit einem jungen, angeblich göttlich schönen Franzosen namens Jean Baptiste Dubois-Crancé verbracht hatte, fatale Folgen hatte. Sie war schwanger. Diese Entdeckung trieb sie beinahe in den Selbstmord. Wäre die uneheliche Schwangerschaft bekannt geworden, hätte man ihr ihre Tochter Auguste genommen und die Witwenpension gestrichen. In Briefen suchte Caroline um Hilfe an. Letztendlich kamen ihr ihr Stiefbruder und August Wilhelm Schlegel zu Hilfe (vgl. Murtfeld 1973: 34 & Kleßmann 2008: 199ff.). August Wilhelm sorgte dafür, dass Caroline unter Aufsicht seines Bruders Friedrich Schlegel, das „Kind der Glut und Nacht"[83] (zit. nach Schmidt 1913: 314) diskret zur Welt bringen konnte (vgl. Kleßmann 2008: 225ff.). In dieser Zeit entstand eine starke Verbindung zwischen dem jungen Friedrich und Caroline. Die Begeisterung Friedrichs für sie (vgl. Kleßmann 1975: 129) stärkte Carolines Selbstbewusstsein. Wie Sigrid Damm beschreibt, war sie in dieser Beziehung zum ersten Mal in ihrem Leben diejenige, die nicht von der anderen Person lernte, sondern diese anregte (vgl. 2009: 46f.).

Der „Schandfleck" des unehelichen Kindes wurde zwar zu Lebzeiten Carolines nie öffentlich bekannt (vgl. Kleßmann 2008: 199),[84] doch nach der Publikation der Schmähschrift *Die Mainzer Klubbisten zu Königstein*[85] im

gegenüber Georg Forster empfinde (vgl. Murtfeld 1973: 33 & 38 & Riepl-Schmidt 2016: 229).

83 Caroline Michaelis Böhmer (später Schlegel Schelling) an Friedrich Ludwig Wilhelm Meyer, 9. Dezember 1793.

84 Die Existenz des unehelichen Kindes Carolines war nur Eingeweihten bekannt, bis Erich Schmidt 1913 diesen „Schandfleck" Carolines öffentlich machte (vgl. Schmidt 1913: 314).

85 Anonym (1793). *Die Mainzer Klubbisten zu Königstein: oder, Die Weiber decken einander die Schanden auf; ein tragi-komisches Schauspiel in einem Aufzuge.*

Jahr 1793, die von den angeblich liederlichen Verhältnissen im Forsterischen Haushalt berichtete (vgl. Kleßmann 2008: 198f.), konnte Caroline dennoch in der bürgerlichen Gesellschaft nicht mehr Fuß fassen. Nachdem sie weder in Göttingen noch in Dresden erwünscht war (vgl. Stern 1990: 141), zog sie 1795 zu ihrer Mutter nach Braunschweig (vgl. Kleßmann 1975: 139). Dort traf sie erneut auf August Wilhelm Schlegel und es wurde wohl über eine Ehe zwischen den beiden gesprochen, denn Caroline schrieb 1795: „Kann man denn gar keine Freunde haben, ohne sich auf Leben und Tod mit ihm zu vereinigen“[86] (zit. Kleßmann 1975: 143). Friedrich Schlegel war überzeugt, dass Caroline dringend einen Ehemann brauche, um ihren Ruf zu schützen, und drängte seinen Bruder zur Hochzeit mit ihr (vgl. Kleßmann 1975: 138f.). 1796 gab Caroline im Alter von 33 Jahren letztendlich ihre Freiheit als verwitwete Frau auf und rettete sich in eine zweite Vernunftehe[87] (vgl. Kleßmann 1975: 143f.). Die enge Beziehung zu den Schlegel-Brüdern führte nicht nur zur gesellschaftlichen Rehabilitation, sondern ließ Caroline zudem literarisch aufblühen. Die Jenaer Jahre waren trotz weniger eigener Werke eine höchst produktive Zeit in Carolines Leben. Sie war Anregerin im frühromantischen Kreis, Lektorin – etwa für Friedrich Schlegel (vgl. Dischner 1979: 123f., Becker-Cantarino 2001: 124 & Damm 2009: 48) –, „wissenschaftliche“ Mitarbeiterin (vgl. Murtfeld 1973: 44 & Damm 2009: 13), „Sekretärin“ (vgl. Murtfeld 1973: 44 & Dischner 1979: 136), ungenannte Redakteurin für das Athenaeum (vgl. Damm 2009: 58f.) und Übersetzerin für ihren zweiten Ehemann.

Sigrid Damm sieht Carolines Erfolg in der intellektuellen Welt unter anderem darin begründet, dass sie die „wichtigen“ Männer in ihrem Leben (Georg Forster, die Schlegel-Brüder und Friedrich Wilhelm Joseph Schelling) in deren produktivsten Phasen traf (vgl. 2009: 81f.). Allerdings könnten aber

86 Caroline Michaelis Böhmer (später Schlegel Schelling) an Luise Gotter, 13. Oktober 1975.

87 Am 1. Juli heiratete sie August Wilhelm Schlegel aus Dankbarkeit für seine Hilfe nach ihrer Festnahme, zur Wiederherstellung ihrer bürgerlichen Ehre und um einen finanziellen und gesellschaftlichen Beschützer für sich und ihre Tochter zu gewinnen (vgl. Kleßmann 1975: 144). August Wilhelm hingegen willigte vielleicht nicht nur wegen seiner jugendlichen Liebe für Caroline, sondern auch wegen ihres schriftstellerischen und übersetzerischen Könnens zur Ehe ein. Sigrid Damm fasst zusammen: „[D]er Versuch, sich als Frau eine eigene Existenzgrundlage zu schaffen […] [war für Caroline] an ökonomischen und moralischen Zwängen der gegebenen Gesellschaft [gescheitert]“ (Damm 2009: 25).

auch gerade ihr Tun und ihre Anwesenheit zu den außerordentlichen Leistungen der Männer beigetragen haben. Sie regte an, kritisierte und lenkte – nicht zuletzt beeinflusste sie die Abwendung des Jenaer Kreises von Schiller und die Hinwendung zu Goethe, den sie für seine Verbindung zum Naturhaften bewunderte (vgl. Kleßmann 1975: 172 & Kleßmann 2008: 238f.). Gleichzeitig stellte sie, entsprechend dem Frauenideal der Zeit, ihre Bedürfnisse hinten an und passte ihre Interessen den Menschen – insbesondere den Männern – in ihrem Umfeld an (vgl. Dischner 1979: 107 & Damm 2009: 17). Sie war ein aktives, wenn auch nicht maßgeblich kreatives Mitglied der Jenaer Frühromantik, die ihren Höhepunkt im Hause Schlegel im Spätsommer und Herbst des Jahres 1799 erlebte (vgl. Dischner 1979: 91 & Damm 2009: 56 & 64). In diesen Jahren war Caroline an philologischen Studien („liebevolles Anteil nehmen"), Aufsätzen und Rezensionen („Arbeit an"), Essays und Abhandlungen („für ihn [August Wilhelm] exzerpieren und mit ihm [August Wilhelm] schreiben"), der Korrespondenz mit Verlegern und Buchhändlern sowie an Übersetzungen beteiligt (vgl. Häntzschel 1991). Die „Symbiose" von Caroline und August Wilhelm wurde mit dem Eintreffen Friedrich Schlegels und der anderen Jenaer Frühromantiker zu „ein[er] Art intellektuell[er] Gruppensymbiose" erweitert (Dischner 1979: 95). Es entstand eine Arbeitsgemeinschaft, in der „die Männer" schrieben und „die Frauen", primär Caroline und Dorothea Böhmer Veit, halfen und/oder selbst schrieben (vgl. Stern 1990: 157) – natürlich neben Haushalt und mütterlichen Pflichten. Caroline kümmerte sich nicht nur um die Erziehung ihrer Tochter Auguste,[88] sondern umsorgte auch die Brüder Schlegel sowie Friedrich Wilhelm Joseph Schelling und weitere Freunde mit „mütterlicher" Fürsorge (vgl. Murtfeld 1973: 51). Zeitweise saßen bis zu 18 Personen an ihrem Mittagstisch (vgl. Kleßmann 1975: 193 & Damm 2009: 61).[89] Abends fanden gesellige Gesprächsrunden statt (vgl. Kleßmann 2008: 241). „Wir sind fleißig und sehr glücklich", berichtete Caroline in diesen Jenaer Jahren. „Seit Anfang des Jahres komme ich wenig von Wil-

88 Caroline wollte Auguste zu einer verantwortungsvollen, offenen Frau erziehen (vgl. Murtfeld 1973: 58f.). Auguste lernte unter anderem Klavierspielen, Französisch, Schreiben, Zeichnen und las „unterrichtende Lektüre" (vgl. Kleßmann 1975: 140).

89 Unterstützt wurde sie von einer Köchin und einem Dienstmädchen (vgl. Kleßmann 1975: 193).

helms Zimmer. Ich übersetze das zweite Stück Shakespeare. Jamben, Prosa mitunter Reime sogar"[90] (zit. nach Wieneke 1914: 131). Carolines Anteil an August Wilhelms Arbeit ist schwer zu fassen (vgl. Damm 2009: 13). Im Fall der gemeinsamen Shakespeare-Übersetzungen des Schlegel-Ehepaars jedoch konnte anhand erhaltener Manuskripte einiger Dramen der Anteil Carolines bestimmt werden (vgl. Barneys 1872 & Conrad 1912). Caroline war an *Julius Cäsar* (1797), *Was ihr wollt* (1797), *Romeo und Julia* (1797), *Der Sturm* (1798), *Hamlet* (1798) und *Der Kaufmann von Venedig* (1799) beteiligt[91] (vgl. Kleßmann 1975: 157). Sie spornte August Wilhelm zur Übersetzung an, diskutierte Übersetzungsprobleme mit ihm, erstellte Reinschriften und wählte von ihm vorgeschlagene Übersetzungsvarianten aus (vgl. Murtfeld 1973: 44, Dischner 1979: 95 & Kleßmann 2008: 234f.). Für sie war diese übersetzerische Tätigkeit nicht rein „mechanisch". August Wilhelm und Caroline forderten beim Übersetzen „Treue" gegenüber dem Original (Kleßmann 2008: 238 & Pinna 2018: 15f.), d. h. sie forderten eine ausgangstextorientierte Übersetzung.[92] Ihr Übersetzungsideal widersprach Schillers „verdeutschenden" Übersetzungen, die sich „frei von philologische[n] Rücksichten in erster Linie ganz an der dramatischen Schreibweise orientier[ten]" (Pinna 2018: 13f.). Wenn Caroline in ihrer Übersetzungspraxis gegen das „Treuegebot" verstieß, wusste sie ihre Eingriffe zu rechtfertigen.[93]

---

90 Caroline Michaelis Böhmer Schlegel (später Schelling) an Friedrich von Hardenberg, 4. Februar 1799.

91 Vermutlich war sie auch an der Übersetzung der *Komödie der Irrungen* beteiligt (vgl. Stott 2009–2020).

92 Sie betrachteten die Übersetzung als „dichtendes Über-Tragen des dichterischen Geistes" (Dischner 1979: 95).

93 1797 zum Beispiel erklärte sie gewisse Eingriffe in die „anstößige" Sprache von Shakespeares *Romeo und Julia* für notwendig: „Das muß ich sagen, alle Schimpfwörter des Vaters sind mir nicht so anstößig als der Mutter Wort: *I would the fool were married to her grave*. Sowas übersezt ich nun so gern weg. Is es nur ein pöbelhaft gedankenloser Ausdruck – warum sollte mans nicht thun dürfen? Selten wird sich *solch* eine Gelegenheit zur Untreue finden. In Margarethens Munde (*King Richard III.*) will ich keinen Fluch unterdrücken, und auch *Lady Macbeth* mag sagen: ich weiß, wie süß es ist, ein Kind an eigener Brust zu tränken etc., statt – ich habe keine Kinder etc. Aber Mislaute wie jener, wo sonst alles so harmonisch ist, thun weg" (Caroline Michaelis Böhmer Schlegel (später Schelling) an August Wilhelm Schlegel, Hervorh. im Original, zit. nach Dischner 1979: 128).

Ihre Mitarbeit an August Wilhelms Shakespeare-Übersetzungen wurde wiederholt kritisiert. Oft werden Caroline „Verschlimmbesserungen" vorgeworfen. Diesen Begriff verwendete Hermann Conrad 1912 in *Unechtheiten in der ersten Ausgabe der Schlegelschen Shakespere [Sic!]-Übersetzung (1797–1801), Nachgewiesen aus seinem Manuskripten*. Im Gegensatz zu Barneys (1872), der die Unterschiede zwischen August Wilhelms Manuskripten und der gedruckten Übersetzung meist als Unachtsamkeiten Carolines verurteilt (vgl. 1872: 124, 175, 180 & 197) und ihr damit eigentlich jeglichen Schaffungswillen und jegliches literarische Können abspricht, sieht Conrad (1912) in Caroline einen aktiv negativen Einfluss auf die Übersetzung. Conrad wirft Caroline Sprachfehler, Denkfehler, „Verschlimmbesserungen", „mangelhafte Auswahl bei mehrfach Fassung Schlegels" und Auslassungen vor, die, laut Conrad, in „einem Mangel an Respekt, den Karoline in ihrer naiven Selbstgewissheit vor dem dichterischen Stilgefühl und der Sprachbegabung ihres Mannes August Wilhelm [hat]" (Conrad 1912: 17), begründet waren.[94]

Conrads Analyse zeigt, dass Caroline als Übersetzerin gemeinsam mit ihrem Ehemann arbeitete. Die Umstände, mit denen Caroline als berufstätige Frau im ausgehenden 18. Jahrhundert und als führendes Mitglied der Frühromantik zu leben hatte, fließen zu wenig in die Beurteilung des Wertes von Carolines Arbeit ein. Zudem legen die Formulierungen Conrads den Verdacht nahe, dass sein Urteil entweder von einer Antipathie gegen die Übersetzerin

94 Bei seiner Analyse von vier Manuskripten fand Conrad 331 „verderbte Stellen" und nur 30 Verbesserungen aus Carolines Feder (vgl. Conrad 1912: 70). Während er „das feine dichterische Gefühl Schlegels" (Conrad 1912: 8) über alles lobt, kritisiert er die „unbesonnene Naivität Karolinens" (Conrad 1912: 8) gnadenlos. Seine ausführliche Analyse, auch wenn seine Formulierungen sehr vom Zeitgeist geprägt sind (z.B. wenn er von einer „törichte[n] Aenderung Karolinens" spricht (Conrad 1912: 9)), zeigt auf, dass einige von Carolines Übersetzungsentscheidungen tatsächlich dem Ausgangstext nicht gerecht werden. So änderte Caroline etwa in August Wilhelms *Hamlet*-Übersetzung „Es ist schlecht Wetter bei uns allen, Herr, Wenn ihr bewölkt (cloudy) seid" (Tempest II, 1) das metaphorische „bewölkt" auf „betrübt" um. Hierdurch wird die Metapher abgeschwächt und der Bezug auf Hamlets „How is it that the clouds still hang on you?" geht verloren (vgl. Conrad 1912: 9). An anderen Stellen wiederum geht Caroline zurück an das Ausgangsmaterial, um Übersetzungsfehler August Wilhelms auszubessern. Zum Beispiel in *Romeo und Julia*, als Malvolio sich bei August Wilhelm von „irgend einem von ihren [Olivias] Bewunderern" (II, 5) abgrenzt, obwohl im Ausgangstext nur von einem Bewunderer die Rede sein kann. Caroline formuliert die Passage um: „als irgend jemand in ihrem Dienst" (vgl. Conrad 1912: 76).

selbst oder durch vorurteilsbehaftete Einstellungen gegenüber Frauen beeinflusst wurde (vgl. Conrad 1912: 78). Mehr als 60 Jahre später fasste Eckart Kleßmann in seiner Biografie Carolines scheinbar unreflektiert die Analyse Conrads zusammen und erklärte, August Wilhelm habe bessere Englischkenntnisse und ein besseres Sprachgefühl als Caroline gehabt. 1975 kam Kleßmann zum „brutalen" Schluss: „[…] ihre [Carolines] Mitarbeit hat Schlegels Übersetzungen mehr geschadet als genutzt" (1975: 157). „Ganz Kavalier", wie Reulecke (2010: 57) bemerkt, sieht Kleßmann die Schuld für die Fehler Carolines allerdings bei August Wilhelm, der seine rohen Manuskripte mit verschiedenen Übersetzungsvarianten Caroline „zur Abschrift" überließ, aber sie dann scheinbar nicht bzw. nur selten überprüfte, bevor sie zum Verleger gingen (vgl. Kleßmann 1975: 157f.). So hatte Caroline als zuarbeitende Übersetzerin oft die alleinige Verantwortung, sich für eine dieser Übersetzungsvarianten zu entscheiden. Dabei stand sie unter starkem – wahrscheinlich ökonomisch und haushälterisch bedingtem – Zeitdruck.

In ihrer Ehe mit dem Übersetzer August Wilhelm blieb Caroline eine „vielbeschäftigte Übersetzerin" nach Bachleitner (1989: 15f.), die auch im Bereich „Journalismus & Redaktion" tätig war. Eine Kategorisierung nach Motivation ist in diesem Lebensabschnitt allerdings wenig eindeutig. Sie hatte durchaus weiterhin einen finanziellen Antrieb, denn die meisten Mitglieder des Jenaer Kreises waren finanziell nicht gut gestellt (vgl. Damm 2009: 66). Zudem ist zu vermuten, dass es Caroline als ihre eheliche Pflicht sah, August Wilhelm zu unterstützen. Ihre reflektierten Äußerungen zur eigenen Übersetzungspraxis legen darüber hinaus nahe, dass Caroline aus „Überzeugung" übersetzte und dies mit einem ideologisch-romantischen Ziel tat. Dischner beschreibt die Zusammenarbeit zwischen August Wilhelm und Caroline als „intellektuell-symbiotisch", was sie als Ausdruck der intensiven „Freundschaftsehe" interpretiert (vgl. 1979: 95). Vermutlich zog August Wilhelm objektiv betrachtet mehr Vorteil aus der Zusammenarbeit. Mit Carolines Zuarbeit konnte er seine Übersetzungen schneller (und in besserer Qualität als alleine) veröffentlichen. Er gewann an Prestige und bekam das Honorar für die Übersetzungen (symbolisches und ökonomisches Kapital). Caroline hingegen profitierte nur indirekt finanziell. Ihre Leistung blieb hinter seinem Namen verborgen. Dies erlaubte es ihr allerdings, ohne mit dem vorherrschenden Frauenideal zu brechen, literarisch tätig zu sein und sich geistig zu beschäftigen (inkorporiertes kulturelles Kapital).

5.2.3 Geistesgemeinschaft ohne Liebe – Therese Heyne Forster

Georg Forster, damals schon bekannt für seine Reiseberichte und Übersetzungen, pflegte eine Freundschaft mit Therese Heynes Vater. 1784 verlobten sich Georg Forster und Therese recht überraschend. Unklar ist, wer den ersten Schritt machte (vgl. Hahn & Fischer 1993: 15, Uhlig 2004: 160 & Riepl-Schmidt 2016: 218f.). Nach einer kurzen Verlobungszeit auf Distanz – Georg arbeitete als Professor in Wilna – heirateten sie 1785 und Therese zog zu Georg nach Wilna (vgl. Hahn & Fischer 1993: 15). Die Ehe war für Therese in erster Linie ein Weg aus dem Elternhaus (vgl. Kleßmann 2008: 97). Sie liebte Georg nicht, sondern hegte nur freundschaftliche Gefühle für ihn (vgl. Hahn & Fischer 1993: 20 & Riepl-Schmidt 2016: 246f.). Dennoch waren die ersten Ehejahre vielleicht wegen der persönlichen Widrigkeiten, die das Paar gemeinsam überwinden musste, in Polen nicht unglücklich (vgl. Hahn & Fischer 1993: 18 & Uhlig 2004 195). Die beiden verband eine Geistesgemeinschaft. In der Abgeschiedenheit waren ihre Zweisamkeit und das Lesen die einzige Beschäftigung. Das Paar investierte ein Sechstel seines Einkommens in Bücher (vgl. Hahn 1998: 110) und führte abends Diskussionen. Es war eine Zeit der „geistigen Bereicherung" für Therese (vgl. Hahn & Fischer 1993: 17), in der Therese jedoch stets darauf bedacht war, nicht aus der idealtypischen Frauenrolle zu fallen. Sie ließ sich von Georg belehren, denn „ich armes ding habe ja gar keine Talente zu solchen dingen, die in das praktische Fach einer Wißenschaft gehören"[95] (zit. nach Hahn & Fischer 1993: 17), wie sie 1786 mit „gespielter Naivität" aus Wilna berichtete. Sie bemühte sich um das Haus, die Kinder und den Garten. Zudem unterstützte sie ihren chronisch unter Geldnot leidenden Mann bei seiner Arbeit (vgl. Becker-Cantarino 2000: 91, Uhlig 2004: 194 & Kleßmann 2008: 164). Ihre Hauptaufgabe sah sie allerdings im Dasein als Ehefrau und Mutter. Im Herbst desselben Jahres zog die Familie zurück nach Göttingen, da Forster eine Expedition im Auftrag der russischen Zarin antreten sollte, welche

95 Therese Heyne Forster (später Huber) an Georgine Heyne (geb. Brandes), 9. April 1786.

jedoch nie zustande kam (vgl. Kleßmann 2008: 166ff.). Zwei Jahre später zogen die Forsters nach Mainz, wo Georg die lukrative Stelle des Universitätsoberbibliothekars antrat (vgl. Uhlig 2004: 225). Noch in Göttingen hatte die Ehe eine schwere Krise erlebt. Therese schwärmte für den bindungsscheuen Frauenhelden Friedrich Wilhelm Meyer und forderte die Scheidung (vgl. Kleßmann 2008: 167f.). Georg verweigerte die Scheidung, aber duldete die Affäre seiner Frau (vgl. Hahn & Fischer 1993: 18). Die Ehe zwischen Therese und Georg blieb auch in Mainz unglücklich. Während Georg Forster einige Seitensprünge vorgeworfen wurden (vgl. Becker-Cantarino 2000: 92f.), verliebte sich Therese hier in den gemeinsamen Freund und Kollegen Ludwig Ferdinand Huber. Zwei der drei in Mainz geborenen Kinder Thereses waren vermutlich Kinder Ludwigs (vgl. Hahn & Fischer 1993: 19 & Kleßmann 2008: 180). Inmitten dieser emotionalen Wirren führten die Forster-Hubers ein aktives gesellschaftliches Leben mit „Gesellschaftsabenden" (Uhlig 2004: 272) und regem Kontakt zu zwei Göttinger Universitätsmamsellen, Caroline Michaelis Böhmer und Meta Wedekind Forkel (vgl. Uhlig 2004: 273 & Kleßmann 2008: 173). Beide Frauen übernahmen Übersetzungsaufträge von Georg Forster und waren somit wie auch Therese und der Hausfreund Ludwig Huber Teil von Forsters Übersetzungsfabrik. Metas und Carolines Beteiligung an Forsters übersetzerischer Tätigkeit sind – im Gegensatz zu Thereses – anhand verschiedener Briefe und Veröffentlichungen zumindest in Teilen nachvollziehbar (vgl. Schreiber 2017 und siehe Kapitel 5.2.2).

Therese war in dieser Zeit wahrscheinlich, wenn überhaupt, hauptsächlich mit Zuarbeiten und Rohübersetzungen für Georg beschäftigt. Sie hatte bereits in Wilna begonnen, Georg in seiner übersetzerischen Tätigkeit zu unterstützen. 1787 zum Beispiel fehlte Georg die Zeit, die dritte Reise von James Cook zu übersetzen, also sprang unter anderem Therese ein (vgl. Hahn & Fischer 1993: 18, Hahn 1998: 111 & Riepl-Schmidt 2016: 28). Unzufrieden mit dem Ergebnis (vgl. Uhlig 2004: 2007) legte Georg die Mitarbeit seiner Frau an der Übersetzung gegenüber seinem Verleger Spener offen: „Mein liebes Weibchen is freylich das Übersetzen nicht gewohnt folglich giebt es Rasuras und Correcturas ohne Zahl"[96] (zit. nach Hahn & Fischer 1993: 18). Einen Monat

96 Georg Forster an Johann Karl Philipp Spener, 8. April 1787.

später führte er weiter aus: „Meine gute Therese hat gewis die beste Absicht gehabt; allein es geht nicht nur geschwinder, noch einmal zu übersetzen, als ihre Übersetzung zu ändern, sondern das Publikum gewinnt auch mehr dabei. – Uebersetzen ist nicht jedermanns Ding"[97] (GFW 14 1978b: 684). Ein vernichtendes Urteil. Den zweiten Teil dieses Reiseberichts sah Therese dann scheinbar nur mehr durch. 1785/86 nutzte Therese das Netzwerk ihres Mannes, um selbstständig bei seinem Verleger Johann Karl Philipp Spener nach Übersetzungsaufträgen aus dem Französischen, die sie „frei", d. h. zieltextorientiert zu übersetzen hoffte, anzufragen (vgl. Heuser 2013: 162). Vermutlich war diese Anfrage finanziell motiviert. Georg verdiente zwar nicht schlecht, doch er lebte gerne auf zu großem Fuß (vgl. Kleßmann 2008: 164). Die Anfrage blieb jedoch ohne Erfolg (vgl. Heuser 2013: 162). In Mainz war sie „Mitarbeiterin" der Übersetzungsfabrik Forsters. Sie übersetzte für ihren Ehemann „in aller Eile", doch „allein als es fertig war, gefiel [Georg] die Arbeit nicht" (GFW 16 1980: 362). Hier allerdings kritisierte Georg nicht die Übersetzungsleistung Thereses direkt, sondern allgemein die Art der Textbearbeitung: „[E]s hätte vielmehr zusammenhängender Auszug, als stückweise Übersetzung seyn müßen" (GFW 16 1980: 362). Ihre Arbeit als Übersetzerin bzw. Zuarbeiterin rechtfertigte Therese schon damals mit dem Argument, dem Ehemann „Bequemlichkeit [verschaffen]"[98] (zit. nach Riepl-Schmidt 2016: 35) zu wollen, und stritt jegliche literarische Ambitionen, die für sie als Frau unschicklich wären, ab. Sie stellte sich als „Brotschreiberin" dar, die nur aus größter Not heraus und nicht aus schriftstellerischem Ehrgeiz übersetzte (vgl. Becker-Cantarino 2000: 95 und siehe Kapitel 5.4.1).

In ihrer Ehe und übersetzerischen Zusammenarbeit stand die Unterstützung Georgs und damit indirekt die finanzielle Motivation im Vordergrund. Nach Knufmann kann Therese also als „professionelle Übersetzerin" beschrieben werden (1967: 2681f.). Wie Caroline nutzte Therese die Strategie des männlichen Schutzschildes (siehe Kapitel 5.2.1) in Form einer partnerschaftlichen (übersetzerischen) Zusammenarbeit mit Georg, um ihren Ruf – als gute Mutter und Ehefrau – zu schützen und nicht als unabhängige, gelehrte Frau in Verruf

97 Georg Forster an Johann Karl Philipp Spener, 7. Mai 1787.

98 Therese Heyne Forster (später Huber) an Georgine Heyne (geb. Brandes), 13. Dezember 1785.

zu kommen. Therese kam jedoch bei dieser Zusammenarbeit vermutlich etwas kurz. In Georgs Übersetzungsfabrik nahm Therese als seine Ehefrau eine besondere Stellung ein. Im Gegensatz zu ihren Kolleg:innen profitierte Therese von ihrer Arbeit für bzw. mit Georg nämlich nicht direkt finanziell. Ihre Arbeit diente in erster Linie der Existenzsicherung der Familie und Georgs Prestige (ökonomisches und symbolisches Kapital). Allerdings ist anzunehmen, dass durch die Zusammenarbeit mit dem Ehemann auch ihr soziales Kapital gesteigert wurde und sie ihr Wissen erweitern und Erfahrungen sammeln konnte (inkorporiertes kulturelles Kapital).

Thereses übersetzerische Zusammenarbeit mit Georg kam mit der Besatzung von Mainz unter General Custine im Herbst 1792 und der Flucht Thereses Anfang Dezember 1792 zu einem abrupten Ende (siehe Kapitel 5.3.1.2).

5.2.4 Flucht aus der unglücklichen Ehe in die romantische Freundschaft – Brendel (Dorothea) Mendelssohn Veit

Brendel wurde im Alter von 16 Jahren mit dem zehn Jahre älteren Simon Veit verlobt. Drei Jahre später, 1783, heirateten sie. Es war eine traditionelle, arrangierte Ehe, aus der vier Kinder hervorgingen.[99] Simon war Bankier bzw. internationaler Händler (vgl. Stern 1990: 40ff.) und bot Brendel finanzielle Sicherheit. Jedoch nicht viel mehr. Für Brendel war die Ehe von Anbeginn unglücklich (vgl. Stern 1990: 32 & 43f.), denn, obwohl Simon ein bemühter Ehemann war, konnte er – nicht zuletzt wegen seiner begrenzten Bildung – mit Brendel nicht mithalten. Doch auch ohne Liebe für den Ehemann erkannte die junge Brendel seine überlegene Position an (vgl. Stern 1990: 36–40). Pflichtbewusst führte sie den Haushalt und versorgte die Kinder (vgl. Stern 1990: 44 & 47f.). Ihre „Freizeit“ allerdings widmete sie Freunden. Sie besuchte wöchentliche Leseabende (vgl. Stern 1990: 29), frequentierte die Salons ihrer Freundinnen, Rahel Levin (verh. Varnhagen von Ense) und Henriette Herz (geb. Lemos) (vgl. Stern 1990: 66f. & Becker-Cantarino 2000: 118), und gründete einen Geheimverein (vgl. Stern 1990: 58).

99 Nur die Söhne Jonas (später Johannes) und Feibisch (später Philipp) erreichten das Erwachsenenalter.

Die Berliner Salons (ca. 1770–1790) waren Zufluchtsorte für Außenseiter:innen verschiedener Gesellschaftsgruppen. Diese geselligen Runden wurden in den meisten Fällen von jüdischen Frauen veranstaltet und waren von Zwanglosigkeit geprägt. Zumindest für die kurze Zeit der Zusammenkunft waren Unterschiede des Standes, der gesellschaftlichen Stellung, der Religion und des Geschlechts gelockert oder überwunden (vgl. Stern 1990: 67ff. & 260f., Strube 1991: 59f. & Wilhelmy-Dollinger 2000: 49f. & 56). Die Frauen, die die Salons ausrichteten, brachen mit dem Klischee der passiven, schwachen, ungebildeten Frau und statt künstlicher gesellschaftlicher Konstruktionen waren in den Berliner Salons die Bildung und der Geist hierarchiegebend. Es wurde über Bücher, Theater, Konzerte, Reisen, Neuigkeiten und den Sinn des Lebens gesprochen, während Politik meist nur indirekt Thema war. Man begeisterte sich für die Revolution, verhalf geliebten Werken wie etwa Goethes *Die Leiden des jungen Werther* (1774) zum Ruhm und knüpfte Kontakte. Die zehn bis fünfzehn Salons in Berlin waren um einiges unterhaltsamer als die Abendveranstaltungen des Adels oder des Bürgertums und boten Frauen mehr Freiheiten (vgl. Stern 1990: 50, 67ff., 73 & 260ff., Strube 1991: 58 & Wilhelmy-Dollinger 2000: 49 & 57ff.). Brendel lernte in den Salons kritisches Denken und dass man sie für ihre Persönlichkeit schätzte (vgl. Stern 69). Bald fasste sie den Beschluss, wie viele der jüdischen Frauen, die diese Salons frequentierten, ihren Namen zu „verdeutschen". Sie wählte den Namen „Dorothea" (vgl. Becker-Cantarino 2000: 118).

In den 1780er Jahren gründete die – bei ihren Freunden jetzt als Dorothea bekannte – junge Frau mit Henriette Herz und den Brüdern Humboldt sowie mit Carl von La Roche, dem Sohn der berühmten Schriftstellerin Sophie von La Roche, den Tugendbund als Ort der Zuflucht und Freiheit.[100] Die Mitgliedschaft in diesem Geheimverein war von Dorotheas Ehemann vollkommen

100 Die Freundesgruppe postulierte als Ziel die „individuelle Sittlichkeit" und „moralische Vollkommenheit". Sie sprach sich gegen bürgerlich sittliche Normen und für das kindliche Vergnügen und das Glück durch die Liebe aus. Es gab Aufnahmeriten, man schrieb sich verschlüsselte Briefe und ging äußerst vertraut miteinander um. Viele der Mitglieder – einige davon waren nur über Briefe Teil des Bundes – waren Frauen, wie etwa Karoline von Beulwitz und Therese Heyne Forster, die ebenfalls in unglücklichen Ehen lebten. Letztendlich scheiterte der Tugendbund jedoch – wie so viele Jugendverbindungen damals und heute – an komplizierten Liebesgeschichten. Einige Zeit war diese frühromantische Freundschaft jedoch für

unabhängig und somit befreiend. In einer Gesellschaft, die Frauen nicht erlaubte, den eigenen Partner zu wählen, fanden sie Zuflucht bei Freunden, den Menschen, die sie selbst aussuchen konnten, und in literarischer Beschäftigung (vgl. Stern 1990: 58–63 & Wilhelmy-Dollinger 2000: 52). In den Salons und den Freundschaftsbünden konnten Frauen zu Wort kommen und Freundschaften außerhalb des Bekanntenkreises des eigenen Mannes schließen. Ganz in der Tradition der Salons im französischen Sprachraum wurden hier das Selbstbewusstsein von Frauen und ihre Interessen gefördert (vgl. Wehinger 2008: 12). Für Dorothea waren die Salons ihr Weg in die literarische Welt. Erst in ihrer späteren Beziehung zu Friedrich Schlegel griff sie dann selbst zur Feder.

In dieser Zeit schloss Dorothea innige Freundschaften. Unter anderem mit den Brüdern Humboldt und Friedrich Schleiermacher. Auch den Schweden Karl Gustav Brinkmann lernte sie in den Berliner Salons kennen (vgl. Stern 1990: 43 & 56). Die Vertrautheit zwischen Gleichgesinnten und die Befreiung von gesellschaftlichen Zwängen führten oft zu mehr als reiner Freundschaft (vgl. Hundt 1997a: 86f. & Wilhelmy-Dollinger 2000: 51). Dorothea verliebte sich in zwei Salonbesucher. Zuerst in Eduard d'Alton, der ihr später als Vorlage für den Protagonisten ihres Romans *Florentin*[101] diente (vgl. Stern 1990: 76), und dann in den jungen Friedrich Schlegel (vgl. Stern 1990: 78). Die Bekanntschaft mit ihm veränderte den Lauf ihres Lebens. Während sie bis zu dem Treffen mit Friedrich zwar nicht glücklich, aber zufrieden ihr Leben als Frau von Simon Veit lebte, konnte sie der Liebe zu dem jungen Literaten nicht widerstehen und fühlte sich bald zu einer Veränderung ihrer Lebensumstände genötigt.

viele, primär Frauen, eine Ablenkung von ihren unglücklichen Ehen (vgl. Stern 1990: 58–63 & Wilhelmy-Dollinger 2000: 52).

101 Mendelssohn Veit (später Schlegel), Dorothea (anonym) (1801). *Florentin. Ein Roman herausgegeben von Friedrich Schlegel.* 1. Band. Lübeck und Leipzig: Friedrich Bohn.

5.3 Scheidung

> Seit 3 Wochen bin ich […] geschieden. […] [D]ies [ist] das erste Mal, daß ich von der Furcht frei bin, eine unangenehme Unterhaltung eine lästige Gegenwart, oder gar eine demütige Grobheit ertragen zu müssen.
> Dorothea Mendelssohn Veit (später Schlegel), 1799[102] (zit. nach Stern 1990: 101)

Im 18. und 19. Jahrhundert variierte das Scheidungsrecht in den verschiedenen deutschen Ländern stark und war geprägt von den dort vorherrschenden Konfessionen. Während Hannover besonders konservativ war, galt in Preußen ab 1794 ein frauenfreundlicheres Recht, das *Allgemeine Landrecht für die Preußischen Staaten* (*ARL*) (Shajkovcia, b & c & Möhle 1997: 30f.). Ehescheidung wurde im „Zweyten Theil" dieses Rechtstextes unter folgenden Umständen erlaubt: Ehebruch, bösliche Verlassung, Versagung der ehelichen Pflicht, Unvermögen, Raserey und Wahnsinn, Nachstellungen nach dem Leben, grobe Verbrechen, unordentliche Lebensart, Versagung des Unterhalts, Veränderung der Religion und unüberwindliche Abneigung (vgl. Shajkovcic). „Doch [sollten] Ehescheidungen nicht anders als aus sehr erheblichen Ursachen stattfinden" (vgl. Shajkovcic: IIX § 669). Im *ARL* wurden neben den Männern auch Frauen wichtige Rechte zugesprochen. So war der Mann, wenn die Frau „unschuldig" war, „verbunden, die der Frau zu reichenden Verpflegungsgelder aus seinem bereitesten Vermögen anzuweisen, und zu versichern" (Shajkovcic: IIX § 802). Trotz neuer frauenfreundlicherer Regelungen wie diesen bedeutete eine Scheidung für viele Frauen erhebliche Entbehrungen. Oft fielen die Alimente sehr gering aus und ihr eigenes Vermögen (Mitgift, Erbe) wurde ihnen nicht zugestanden (vgl. Stern 1990: 99f.). Darüber hinaus wurden Frauen bei einer Trennung die Kinder genommen, denn in den meisten Fällen hatte der Vater das Recht auf den Nachwuchs (Möhle 1997: 190).[103] Eine „Tendenz zur Libe-

---

102 Dorothea Mendelssohn Veit (später Schlegel) an Karl Gustav Brinkmann, 2. Februar 1799.

103 Im *ARL* war festgesetzt, dass die Mutter das Kind bis zum vollendeten vierten Lebensjahr versorgt (vgl. Shajkovcic: II § 94, 95 & 105) und dem Vater, selbst wenn er „der schuldige

ralisierung" des Scheidungsrechts auf dem Papier, die unter dem Einfluss der Aufklärung zu beobachten war (vgl. Möhle 1997: 23), fand sich, so Sylvia Möhle, in der Scheidungspraxis nicht wieder (vgl. 1997: 30f.). Ihre Untersuchung von Ehekonflikten in Göttingen zwischen 1740 und 1840 ergab unter anderem, dass geschiedene Frauen „besitzrechtlich und sozial [...] Männern gegenüber im Nachteil" blieben (vgl. Möhle 1997: 190). Dennoch klagten mehr Frauen die Scheidung ein als Männer (vgl. Möhle 1997: 83 & 86). Möhles Untersuchung ergab, dass nur in der gebildeten Oberschicht Göttingens mehr Eheklagen von Männern als von Frauen eingereicht wurden (vgl. Möhle 1997: 90). Bei diesen Klagen wurden meistens Grenzüberschreitungen, wörtlich wie bildlich, der Ehefrauen angeprangert (vgl. Möhle 1997: 145). Möhle beschreibt außerdem, dass sich Frauen des Bürgertums den Klagen ihrer Gatten weniger vehement entgegenstellten und teilweise sogar vom Gericht fernblieben. Sie sieht darin, unter anderem, den Versuch, „ein öffentliches Zurschaustellen der ‚privaten' innerehelichen Angelegenheiten" (1997: 147) und damit weitere Skandale zu vermeiden (vgl. 1997: 145–147). Die Archivalien, die Möhle für ihre Untersuchung analysierte, zeigen meist nur, welche Scheidungsgründe offiziell angegeben wurden, jedoch nicht die weiterreichenden Überlegungen, die vielleicht hinter einem Scheidungswunsch standen. In Berlin etwa ließen sich beinahe die Hälfte der jüdischen Salondamen scheiden, oft um in den Adel zu heiraten (vgl. Stern 1990: 100). Die Biografien der hier untersuchten Frauen legen nahe, dass sich manche Frauen für Unabhängigkeit und Liebe scheiden ließen.

Theil [ist], die Ursache der Scheidung aber nicht so beschaffen, daß daraus die gegründete Besorgniß einer schlechten Erziehung entsteht [...] die Erziehung der Söhne gelassen [wird]" (Shajkovcic: II § 93).

5.3.1 Trennung für einen anderen Mann – Caroline Michaelis Böhmer Schlegel, Therese Heyne Forster und Dorothea (Brendel) Mendelssohn Veit

5.3.1.1 Caroline Michaelis Böhmer Schlegel – freundschaftliches Auseinandergehen

Die Vernunftehe Carolines mit August Wilhelm war von Beginn an eine „offene“ Ehe, bei der sich die Ehepartner „unter [sich] nie anders als wie ganz frei betracht[et]“[104] hatten (zit. nach Kleßmann 1975: 246).[105] Zumindest in den ersten Jahren scheint die Ehe durchaus glücklich gewesen zu sein (vgl. Kleßmann 2008: 230). Das Ehepaar ging respektvoll miteinander um, selbst als schon bald nach Friedrich Wilhelm Joseph Schellings Ankunft in Jena 1798 klar wurde, dass Caroline in ihn verliebt war (vgl. Stern 1990: 164ff. & Kleßmann 2008: 244). Sein Eintreffen allerdings war der Anfang des Niedergangs der Jenaer Romantik, denn seine Anwesenheit verursachte bzw. verstärkte Spannungen, die letztendlich zum Bruch der Jenaer Gruppe führten. Natürlich war nicht alleine er bzw. seine Affäre mit Caroline verantwortlich für das Ende dieser Gruppierung. Sachliche, ästhetische und weltanschauliche Differenzen, Streitigkeiten zwischen verschiedenen anderen Mitgliedern und Stellenangebote für viele der Männer, die sie in verschiedene Städte zogen, spielten zudem eine Rolle (vgl. Murtfeld 1973: 57f. & Damm 2009: 63).

Auf privater Ebene stellte der zwölf Jahre jüngere Friedrich Wilhelm Schelling jedenfalls Carolines Leben auf den Kopf. Das „Dreiergespann“, August Wilhelm, Caroline und Friedrich Wilhelm Schelling, war scheinbar relativ zufrieden, und erst weitere private Entwicklungen führten zum Ende der Schlegel-Ehe und ihrer Zusammenarbeit bei Übersetzungen. Die Affäre Carolines allerdings verursachte extreme Spannungen und führte letztendlich zum Bruch mit Friedrich Schlegel, dem Bruder ihres zweiten Ehemanns, der

104 Caroline Michaelis Böhmer Schlegel (später Schelling) an Julie Gotter, 18. Februar 1803.

105 August Wilhelm etwa hatte angeblich Affären mit der Dichterin Sophie Tieck Bernhardi (vgl. Murtfeld 1973: 69), der Schauspielerin Unzelmann (vgl. Kleßmann 1975: 174) und Elisa van Nuys. Nur an Letzterer scheint sich Dorothea gestoßen zu haben (vgl. Kleßmann 1975: 197).

inzwischen mit Dorothea Mendelssohn Veit in „wilder Ehe" lebte. Dorothea unterstützte Friedrich in seiner Antipathie gegen Caroline und wetterte gegen das „unmoralische" Verhalten Carolines, obwohl sich Dorothea selbst erst kürzlich von ihrem ersten Ehemann getrennt hatte, um mit Friedrich zu leben (vgl. Stern 1990: 167f. & Kleßmann 2008: 245f.). Kleßmann vermutet hinter Dorotheas Verhalten Eifersucht auf die Freiheiten, die sich Caroline erkämpft hatte (vgl. 1975: 224). Anfang 1800 eskalierten die Streitigkeiten (vgl. Kleßmann 2008: 245), und der Tod von Carolines Tochter Auguste am 12. Juni 1800 trieb die ehemals glückliche Großfamilie weiter auseinander.[106] Selbst in diesen schweren Stunden brachte Dorothea ihre Schwägerin weiter in Verruf. Sie beschrieb Augustes Tod als Bestrafung für die unmoralische Liebschaft der Mutter und verbreitet sogar das Gerücht, dass Friedrich Wilhelm Schelling ursprünglich mit Auguste verlobt gewesen sei (vgl. Kleßmann 1975: 223 & 228). Caroline, die den Tod ihres Kindes offenbar auch als Bestrafung Gottes wahrnahm, entschloss sich, ihren Geliebten zunächst nur mehr als Sohn ansehen zu wollen. Sie bemühte sich nun, die Ehe mit August Wilhelm wieder aufblühen zu lassen, doch diese Beziehung blieb ausschließlich freundschaftlich (vgl. Stern 1990: 175 & Kleßmann 1975: 232f.). Mit August Wilhelms Aufenthalt in Berlin entfremdete sich das ehemals „intellektuell-symbiotische" Ehepaar weiter. 1802 entschieden sie sich dann unter Carolines Drängen zur Scheidung und gingen ein Jahr später offiziell auseinander (vgl. Murtfeld 1973: 74). Während August Wilhelm dem neuen Paar Caroline und Friedrich Wilhelm Schelling freundschaftlich verbunden blieb (vgl. Kleßmann 1975: 242 & Dischner 1979: 156f.), war die Scheidung (und die darauffolgende Wiederheirat) gesellschaftlich sicherlich ein Skandal.

---

106 Kurz nachdem Caroline sich von einer schweren Krankheit erholt hatte, überlebte Auguste einen Anfall von Ruhr nicht. Caroline schrieb nach dem Tod ihrer Tochter an Luise Gotter (18. September 1800): „Ich lebe nur noch halb und wandle wie ein Schatten auf der Erde" (zit. nach Wieneke 1914: 156). Auguste war ein außergewöhnliches Kind. Sie hatte eine ganz besonders enge Beziehung mit ihrem „Onkel Fritz", Friedrich Schlegel, der ihr rührende Briefe schrieb (vgl. Kleßmann 1975: 158–164), und ein beinahe „partnerschaftliches" Verhältnis mit ihrer Mutter (vgl. Kleßmann 1975: 193). Alle, die sie kannten, waren von ihrem Tod schwer betroffen.

5.3.1.2 Therese Heyne Forster – eine Ehe findet ihr Ende in den Nachwehen der Französischen Revolution

Wie auf die Mehrzahl der deutschen intellektuellen Elite wirkte die Französische Revolution auch auf das Ehepaar Forster zunächst wie der Sieg der Aufklärung (vgl. Hahn & Fischer 1993: 21). Therese Heyne Forster bezeichnete sich rückblickend selbst als „Jakobinerin und Demokratin und Revolutionär"[107] (zit. nach Kleßmann 2008: 301). In den Jahren der Mainzer Republik hatte sie jedoch hauptsächlich Augen für ihre private Situation (vgl. Hahn & Fischer 1993: 22). Aus Angst vor den preußischen Truppen, die Mainz zu erobern drohten, verließ sie die Stadt am 7. Dezember 1792 mit ihren Kindern in Richtung Straßburg und ließ sich Anfang 1793 in Neuchâtel in der Schweiz nieder. Inwiefern ihre „Flucht" mit Georg abgesprochen war, wird verschieden beschrieben. Kleßmann erklärt, Therese habe die Situation genutzt, um Georg Forster endlich verlassen zu können (vgl. 2008: 189), während Hahn und Fischer berichten, sie habe Mainz auf Georgs Geheiß verlassen und sogar versucht, ihn zu überzeugen, mit ihr zu gehen (vgl. 1993: 23). Ihr Geliebter Ludwig Ferdinand Huber folgte ihr in die Schweiz. Dort lebte das Liebespaar jedoch noch in getrennten Wohnungen (vgl. Uhlig 2004: 331). Georg, der als überzeugter Jakobiner mittlerweile in Paris war, wünschte trotz der Liebschaft seiner Frau keine Scheidung. Stattdessen träumte er von einem Leben zu dritt (vgl. Uhlig 2004: 217 & 319 & Kleßmann 2008: 180). Beim letzten Treffen mit Therese in einem Schweizer Grenzdorf wurde letztendlich doch die Scheidung geplant, und Georg übertrug schon jetzt seine Rechte als Vater und Ehemann dem Geliebten seiner Frau (vgl. Kleßmann 2008: 206 & Riepl-Schmidt 2016: 45). 1794 starb Georg, bevor die Scheidung realisiert werden konnte (vgl. Kleßmann 2008: 206). Zeitlebens war er seiner Frau ein geistiger Mentor gewesen und selbst in den letzten Jahren als verschmähter Ehemann unterstützte er Therese und ermutigte sie zum Schreiben, womit sie 1793 begonnen hatte (vgl. Riepl-Schmidt 2016: 172 & 287). Thereses schriftstellerische, publizistische und übersetzerische Tätigkeit, die sie in zweiter Ehe zum Broterwerb ausbauen musste, profitierte höchstwahrscheinlich maßgeblich von Georgs

107 Therese Heyne Forster Huber an Johann Martin Usteri, 9. Februar 1814.

breitem Wissen, den anregenden Diskussionen und auch den gemeinsamen Kontakten zu wichtigen Akteuren der intellektuellen Elite und des Buchwesens.

5.3.1.3 Dorothea (Brendel) Mendelssohn Veit – von der Sicherheit in den literarischen Traum

Der freie Umgang in den Salons und dem Freundschaftsbund waren vermutlich Voraussetzung für Dorotheas spätere relative Unabhängigkeit. Henrietta Herz berichtete, dass Dorothea erst, als sie Friedrich 1797 kennengelernt hatte, eine Scheidung überhaupt in Erwägung zog (vgl. Janetzki 1984: 60). 1798 entschloss sich Dorothea mit Zuspruch ihres engen Freundes Friedrich Schleiermachers zur Scheidung von Simon Veit (vgl. Stern 1990: 95 & 98), obwohl Friedrich nicht zur Beziehung mit ihr stand. Er hatte angeblich intime Beziehungen zu anderen Frauen[108] und schrieb Dorothea sei nur eine Liebschaft, der er „die Gränzen [der] Verbindung … mit aller Härte [seiner] Offenheit“ bestimmt habe (zit. nach Stern 1990: 91).

Simon Veit wehrte sich zunächst gegen die Scheidung, lenkte jedoch letztendlich ein. Anfang Dezember 1798, während die Scheidungsverhandlungen noch liefen, zog Dorothea in eine eigene Wohnung. Am 11. Januar 1799 wurde das Ehepaar vor dem Rabbinatsgericht geschieden (vgl. Stern 1990: 97ff. & 108). Im Vergleich zu vielen ihrer Zeitgenossinnen hatte Dorothea Glück. Simon gestand ihr einen Teil ihres eigenen Geldes zu, während er das restliche Vermögen Dorotheas für die Söhne anlegte. Zudem erhielt Dorothea die Zinsen des angelegten Geldes und Kostgeld für den jüngeren Sohn, der bei ihr leben durfte. Allerdings nur unter der Bedingung, dass Dorothea nicht erneut heiraten und nicht die Konfession wechseln würde. Dorothea standen so, laut Carola Stern, etwa 400 Taler im Jahr zur Verfügung, was für ein bescheidenes kleinbürgerliches Leben ausreichte (vgl. Stern 1990: 99f. & Engelsing 1966: 86).[109] Darüber hinaus half Simon Veit Dorothea und Friedrich auch

108 Unter anderem angeblich mit Rahel Levin (verh. Varnhagen von Ense) (vgl. Stern 1990: 82) und Frederike Ungerer (vgl. Stern 1990: 92).

109 Zum Vergleich: Eine kleinbürgerliche Familie benötigte etwa 400 bis 700 Taler zur Lebensführung, wobei 400 Taler nur ein bescheidenes Leben, vermutlich ohne Dienstboten, zuließen. Eine bürgerliche Familie hatte um 1800 etwa 600 bis 1.000 Taler Lebenshaltungskosten im

später noch wiederholt finanziell aus (vgl. Janetzki 1984: 60). Die Gesellschaft war weniger großzügig als Dorotheas erster Ehemann. Selbst progressive Freunde wandten dem Paar den Rücken zu (z.B. Wilhelm von Humboldt und Jean Paul) und als klar wurde, dass Dorothea und Friedrich nicht heiraten würden, wurden die Vorwürfe lauter (vgl. Stern 1990: 101ff. & 109). Trotz der gesellschaftlichen Ächtung war Dorothea froh, „von einer langen Sklaverey befreit"[110] zu sein (zit. nach Stern 1990: 101). Sie plante, entweder mit ihrer Schwester oder Friedrich zu leben und sich nach einer Einkommensquelle umzusehen (vgl. Stern 1990: 104ff.). Ihre Scheidung hatte das Arbeiten notwendig gemacht – egal, ob Dorothea nun ein unabhängiges Leben oder ein Leben an der Seite des chronisch armen Friedrichs führen wollte. So beschloss Dorothea zu übersetzen, denn diese Beschäftigung erschien ihr für eine Frau am „schicklichsten" (vgl. Stern 1990: 213). Das eigenständige kreative Schreiben hingegen war für Dorothea – zumindest damals – mit ihrer Weiblichkeit nicht zu vereinen (vgl. Becker-Cantarino 2000: 121). Schon bald nach der Scheidung nutzte Dorothea die noch treu gebliebenen Teile ihres Netzwerks der Berliner Salons und bat Karl Gustav Brinkmann um Übersetzungsmaterial aus Frankreich (vgl. Weissberg 1995: 243f.). Literarisch aktiv wurde Dorothea allerdings erst als „Gehilfin" Friedrichs (siehe Kapitel 5.4.3).

5.3.2 Scheidung für ein selbstständiges Leben – Wilhelmina (Helmina) Klencke Hastfer

Wilhelmina wurde 1799 von ihrer Mutter mit Gustav Freiherr von Hastfer, einem Offizier, verheiratet. Diese Ehe scheiterte, blieb kinderlos und wurde schon am 28. Oktober 1800 nach nur 15 Monaten geschieden (vgl. Kambas 1996/2012: 248f. & Hundt 1997b: 50). Es folgten Wilhelminas Pariser Jahre, eine prägende Zeit für die damals erst 18-jährige Berlinerin.

Jahr. Ein Arbeiterhaushalt hingegen benötigte etwa 100 bis 155 Taler und ein Armenhaushalt etwa 65 Taler im Jahr. Dabei ist allerdings auch zu beachten, dass die Lebenshaltungskosten im Laufe des 19. Jahrhunderts maßgeblich stiegen (vgl. Engelsing 1966: 75–88 & 101).

110 Dorothea Mendelssohn Veit (später Schlegel) an Karl Gustav Brinkmann, 2. Februar 1799.

Am 2. Juni 1801 reiste Wilhelmina auf Einladung der Comtesse Felicitas de Genlis, einer bedeutenden Schriftstellerin, nach Paris, um ihr bei deren literarischer Arbeit zur Hand zu gehen. Bald kam es zu Streitigkeiten und Wilhelmina verließ die Obhut der Comtesse (vgl. Kambas 1996/2012: 248f.). Mit Unterstützung ihrer Mutter, die ihr den ersten Auftrag für eine Zeitschrift vermittelte (vgl. Kewitz 2004: 15), wollte Wilhelmina mit Schriftstellerei ihr eigenes Geld verdienen. Sie lebte unter anderem bei Mme Heinrichs, der Frau eines Buchhändlers, und ab 1802 bei Dorothea Mendelssohn Veit und Friedrich Schlegel in einer Pension, die Dorothea führte (vgl. Kewitz 2004: 66f.). Über ihren zeitweiligen Verlobten Johann Gottfried Schweighäuser (vgl. Kambas 1996/2012: 249 & Hundt 1997b: 60) wurde sie im Januar 1803 Redakteurin und Hauptbeiträgerin der bei Johann Friedrich Cotta erscheinenden Zeitschrift *Französische Miscellen* (Ersterscheinung 1803) (vgl. Chézy 1858a: 228 & Baumgartner 2008: 351). Dort verdiente sie jährlich 6 Louisdor (= 600 Taler) (vgl. Hundt 1997b: 60). Nur ein Jahr später musste sie die Redaktion allerdings aufgrund der Einflussnahme Friedrich Schlegels, der ihr von literarischer Tätigkeit unter dem eigenen Namen abriet, abgeben. Darüber hinaus war auch Johann Friedrich Cotta mit ihren selbstbewussten, öffentlich geäußerten Meinungen zum politischen Geschehen – was ihr als Frau natürlich nicht gebührte – unzufrieden (vgl. Hundt 1997b: 61–64). Wilhelmina blieb jedoch ihr Leben lang journalistisch und publizistisch tätig. Sie verfasste Artikel für verschiedene Zeitschriften, unter anderem ab 1802 für Friedrich Schlegels *Europa* (vgl. Hundt 1997a: 93) und ab 1811 für das *Morgenblatt für gebildete Stände*, das 1818 bis 1823 von Therese Heyne Forster Huber geleitet wurde (vgl. Kewitz 2004: 7). Selbst gründete sie zwei weitere Zeitschriften.[111] Im Rahmen ihrer publizistischen Arbeit trat Wilhelmina schon früh als Kulturvermittlerin auf (vgl. Hundt 1997a: 109). Sie verfasste unter dem Einfluss der Spätaufklärung und der Frühromantik zahlreiche Erzählungen, Novellen, Romane, Schauspiele, Gedichte und Reiseberichte (vgl. Hundt 1997b: 53). Zudem ist sie die Autorin mehrerer Autobiografien, ein Genre, in welchem sich Frauen im 19. Jahrhun-

111 *Thalie et Melopomène Française, choix des meilleures pièces avec des Notes historiques et explicatives*, 1808 (vgl. Hundt 1997a: 110) und *Iduna. Schriften Deutscher Frauen, gewidmet den Frauen*, 1820 mit Fanny Tranow (vgl. Kewitz 2004: 28–35).

dert – unter anderem wegen der Bescheidenheitsstrategie (siehe Kapitel 5.4.1) und vermeintlich mangelnden Interesses von Seiten der Leser:innen – nur selten versuchten (vgl. Kamas 1996: 247). Wilhelmina war überzeugt, dass ihre Erfahrungen relevant und interessant seien, allerdings war sie durchaus darauf bedacht, gewisse Aspekte ihres Lebens auszusparen, um ihren Ruf zu schützen (vgl. Kambas 1996/2012: 248 & 252–256). In der Literaturwissenschaft wird ihr Werk oft als pseudoromantisch abgewertet und ihre Person nur als Freundin berühmter Männer betrachtet. Obwohl einige zeitgenössische Kritiker:innen von ihren Werken schwärmten, wurden diese doch häufiger verrissen und ihr Name und Werk waren schon zu ihren Lebzeiten in Vergessenheit geraten (vgl. Hundt 1997b: 44f.). Mit zunehmendem Alter fiel es ihr schwer, mit den Entwicklungen im Literaturbetrieb, wie etwa der Professionalisierung des Kontakts zu Verlegern, Schritt zu halten (vgl. Peters 210: 324f.).

Der Beginn Wilhelminas übersetzerischer Karriere lässt sich in den Pariser Jahren festmachen. Schon 1802 fragte Friedrich Schlegel, ob Wilhelmina „Lust [hätte], den dramatisierten Roman von Lacretelle für [ihn] zu übersetzen?“[112] (zit. nach Wieneke 1914: 356). Bald arbeitete sie mit der 19 Jahre älteren Dorothea Mendelssohn Veit (später Schlegel) zusammen. So zum Beispiel 1802/03 bei einem Auftrag der exzentrischen Mystikerin Barbara Juliane von Krüdener, die ihren gerade erschienenen Briefroman *Valérie: Ou, Lettres de Gustave de Linar à Ernest de G...*[113] ins Deutsche übersetzt wissen wollte. Carola Stern, eine Biografin Dorotheas, berichtet, dass sich Wilhelmina „überwältigt von ihrer Phantasie, soweit vom Original [entfernte], daß die beiden [Dorothea und Wilhelmina] auf ihrer Arbeit sitzen blieben“ (Stern 1990: 191). Wilhelmina selbst beurteilte ihre Übersetzung als zu „willkürlich“ übersetzt, während sie Dorotheas Übersetzung als „treu und ganz vortrefflich“ beschrieb (vgl. Chézy 1818: 146). Auch den zweibändigen Roman *La Duchesse de la Vallière*[114] über-

112 Friedrich Schlegel an Wilhelmina Klencke Hastfer (später von Chézy), 25. August 1802.

113 Krüdener, Barbara J. von (1804). *Valerie: Ou, Lettres de Gustave de Linar à Ernest de G....* 2 Bände. Paris: Henrichs. Die Übersetzung ins Deutsche von Dorothea und Wilhelmina blieb unveröffentlicht (vgl. Stern 1990: 191).

114 Genlis, Stéphanie-Félicité de (1804). *La Duchesse de la Vallière.* 2 Bände. Paris.

setzten die zwei Frauen gemeinsam. Wilhelmina berichtete im autobiografischen Text *Erinnerungen*, dass sie den ersten und Dorothea den zweiten Band übersetzte (vgl. Chézy 1818: 145). Beim dritten gemeinsamen Auftrag, diesmal von Friedrich Schlegel für seine *Sammlung romantischer Dichtung aus dem Mittelalter,*[115] übersetzte und bearbeitete Dorothea den ersten Band. Wilhelmina berichtete, dass sie Dorothea bei der Übersetzung unterstützte (vgl. Chézy 1818: 145). Sie selbst übernahm den zweiten Band *Geschichte der tugendsamen Euryanthe von Savoyen*[116] (vgl. Becker-Cantarino 2000: 114).

Die Schlegels (noch unverheiratet) unterstützten und förderten die junge Wilhelmina mit Erfahrung und Kontakten. Rückblickend berichtete Wilhelmina über den Umgang mit Friedrich Schlegel, dass sich ihr durch ihn „eine neue, überraschend reiche und lebenvolle Welt von Begriffen, Bildern und Gedanken [erschloss]" (Chézy 1818: 139). Die Übersetzungsarbeiten mit Friedrichs „geistreiche[r] Frau" (Chézy 1818: 140) Dorothea, die damals schon eine geübte Zuarbeiterin ihres Ehemanns war (siehe Kapitel 5.4.2), werden Wilhelmina sicherlich auch wichtige Einblicke in die übersetzerische Tätigkeit geboten haben. Dorothea unterstützte Wilhelmina außerdem unter anderem mit konstruktiver Kritik zu ihren Werken (vgl. Stern 1990: 189) und bei der Herausgabe der *Französischen Miscellen* (vgl. Hundt 1997a: 106).

Während sich Wilhelmina primär als Dichterin verstand (vgl. Hundt 1997b: 78f.), nutzte sie die übersetzerische Tätigkeit in erster Linie, um ihre Familie finanziell abzusichern. Ab 1801 unterstützte sie mit ihrer Tätigkeit zudem ihre alleinstehende, verarmte Mutter in Berlin, bis diese im September 1802 starb (vgl. Kewitz 2004: 17 & 86), und dank ihrer literarischen Arbeit konnte Wilhelmina offenbar bis zu ihrer zweiten Ehe 1805 ein unabhängiges Leben führen. Sie war eine „Berufsliteratin" (Hundt 1997b: 50) oder nach Knufmann eine „professionelle" (1967: 2681f.) und nach Bachleitner eine „viel-

115 Schlegel, Friedrich (Hg.) (1804). *Sammlung romantischer Dichtungen des Mittelalters, aus gedruckten und handschriftlichen Quellen herausgegeben von Friedrich Schlegel.* 2 Bände. Leipzig: Junius.

116 Schlegel, Friedrich (Hg.) / Klencke Hastfer (später von Chézy), Wilhelmina (anonym) (1804). „Geschichte der tugendsamen Euryanthe von Savoyen". In: *Sammlung romantischer Dichtungen des Mittelalters, aus gedruckten und handschriftlichen Quellen herausgegeben von Friedrich Schlegel.* 2 Bände. Leipzig: Junius.

beschäftigte“ Übersetzerin (1989: 15f.), deren Hauptbeschäftigung die journalistische Tätigkeit war. Sie erinnerte sich an ihre Jahre in Paris als eine Zeit, in der sie „fast wie ein unabhängiger Mann“ lebte (Chézy 1818: 140). Sie hatte sich also eine gewisse Freiheit „erschrieben“, doch ganz alleine war ihr das nicht gelungen. Wie gezeigt wurde, arbeitete sie eng mit Friedrich als Auftragsvermittler und mit Dorothea als Co-Übersetzerin zusammen. In diesem Dreiergespann profitierte Wilhelmina finanziell (ökonomisches Kapital), und Friedrich konnte neben dem finanziellen Gewinn (ökonomisches Kapital) auch davon profitieren, dass Übersetzungen Wilhelminas und seiner Frau unter seinem Namen erschienen (symbolisches Kapital). Während Wilhelmina davon profitierte, in der Zusammenarbeit ihre Übersetzungspraxis weiterentwickeln zu können (inkorporiertes kulturelles Kapital), schien sie, zumindest im späteren Leben, nicht mehr auf die Namensnennung im Zuge literarischer Zusammenarbeit verzichten zu wollen (symbolisches Kapital). Ihre Übersetzungen aus dieser Zeit erschienen zunächst unter Friedrichs Namen. Als er 1823 Wilhelminas Übersetzung erneut im Rahmen seiner Gesamtwerkausgabe herausgab, beschloss Wilhelmina, sich nicht mehr hinter Friedrichs Namen verstecken zu wollen – für eine Frau der damaligen Zeit ungewöhnlich selbstbewusst – und veröffentlichte ihre Übersetzung tatsächlich unter eigenem Namen ein Jahr später erneut (vgl. Becker-Cantarino 2001: 125). In Paris jedoch schien sie, noch unter dem Einfluss verschiedener Männer wie etwa Friedrich Schlegel und Johann Friedrich Cotta, darauf bedacht, nicht durch „unweibliches“ Verhalten aus der Frauenrolle auszubrechen.

5.4 Wiederheirat

> Die zweite Ehe ist der Triumph der Hoffnung über die Erfahrung.
> Samuel Johnson (zit. nach Gillis 1999)

Für Witwen war die Wiederheirat meist eine Notwendigkeit (vgl. Schranz 2014: 25). Besonders Frauen der unteren Schichten hatten kaum finanziellen Rückhalt und mussten erneut heiraten (vgl. Hufton 1994: 57f. & Becker-Cantarino 1987: 56), während eine Wiederheirat bei geschiedenen Frauen üblicherweise sogar untersagt war (vgl. Möhle 1997: 24). Für Ehebrecher:innen galt: „Personen, welche wegen Ehebruchs geschieden wurden, dürfen diejenigen, mit welchen sie den Ehebruch getrieben haben, nicht heirathen" (Shajkovcic: II § 25). Eine Wiederheirat konnte nicht nur für finanzielle Sicherheit sorgen, sondern auch gesellschaftlicher Ächtung entgegenwirken, wie etwa bei Caroline Michaelis Böhmer Schlegel, die an der Seite August Wilhelm Schlegels ihren bürgerlichen Ruf rehabilitieren konnte (siehe Kapitel 5.2.2 und 5.4.2.1). Manche Frauen allerdings nahmen gerade für die Wiederheirat soziale Verachtung und ökonomische Unsicherheit in Kauf. Sie heirateten aus Liebe, wie etwa Dorothea Mendelssohn Veit, die die Sicherheit einer Vernunftehe für ein Leben mit Friedrich Schlegel aufgab (siehe Kapitel 5.3.1.3 und 5.4.3).

5.4.1 Bescheidenheitsstrategie – Selbstinszenierung als idealtypische Frau

Nur wenige Ausnahmefrauen traten ohne Rücksicht auf das Empfinden ihrer männlichen Zeitgenossen und die gesellschaftlichen Normen für ihre Sache ein. Marie le Jars de Coumay etwa warf mit dem Begriff „Bartsyndrom" Männern vor, nicht auf Privilegien verzichten zu können bzw. zu wollen (vgl. Gössmann 1988: 191–193). Andere Frauen fügten sich ihrem „Schicksal". Frauen, insbesondere gelehrten Frauen, war bewusst, dass ihnen die Anerkennung von Männern und der Gesellschaft (im literarischen und öffentlichen Raum) aufgrund ihres Geschlechtes nicht vergönnt war. Wenn sie gehört werden wollten, mussten sie geschickte „Strategien" anwenden. Dazu gehörte, zunächst ihre literarische Tätigkeit möglichst zu verbergen, um erst gar nicht als „schreibende" Frau in Verruf zu kommen (siehe Kapitel 5.2.1). Kam ihre literarische Tätigkeit allerdings ans Licht, so konnten sie die „Bescheidenheitsstrategie" anwenden. Man nahm die eigene Leistung in der Öffentlichkeit zurück und betonte stattdessen die Leistungen als Ehefrau, Hausfrau und Mutter. Man inszenierte sich also als idealtypische Frau, während man hinter verschlossenen Türen einen gewissen Freiraum genoss (vgl. Kewitz 2004: 11, 14 & 18–19 & Wehinger 2008: 11).

5.4.2 Letztendlich für die Liebe – Caroline Michaelis Böhmer Schlegel Schelling und Therese Heyne Forster Huber

5.4.2.1 Caroline Michaelis Böhmer Schlegel Schelling – im letzten Anlauf doch noch dienend

Friedrich Wilhelm Joseph Schelling hatte in Tübingen mit Hölderlin und Hegel Philosophie studiert und 1792 promoviert. Darüber hinaus studierte er Theologie, Mathematik und Medizin. 1798 wurde er mithilfe Goethes außerordentlicher Professor in Jena (vgl. Baumgartner & Korten 1996: 13–16). Er wurde bald Mitglied der Jenaer Frühromantik und begann eine Affäre mit Caroline. Private Streitigkeiten und fachliche Diskrepanzen führten zum Zerfall der Gruppe und zur Auflösung der Ehe Carolines mit August Wilhelm Schlegel (siehe Kapitel 5.3.1.1). Nach langen, schweren Jahren der illegitimen Liebschaft heiratete das Paar am 26. Juni 1803 etwa einen Monat nach der Scheidung Carolines von August Wilhelm Schlegel (vgl. Ritchie 1968: 47). Es war eine Liebesehe mit Höhen und Tiefen. Die Ehe mit Friedrich Wilhelm unterschied sich gravierend von den vorhergehenden Ehen Carolines. Caroline vergötterte Friedrich Wilhelm und war bereit – dem Frauenideal entsprechend – sich ihm aufzuopfern: „Du weist, ich folge Dir, wohin Du wilst, denn Dein Leben und Thun ist mir heilig, und im Heiligthum dienen – in des Gottes Heiligthum – heißt herrschen auf Erden“[117] (zit. nach Dischner 1979: 153). Während sie in ihrer zweiten Ehe beinahe unabhängig gelebt und agiert hatte, ähnelte ihre neue Ehe der von Dorothea mit Friedrich Schlegel, die sich ihrem Geliebten (späteren Ehemann) hingebungsvoll unterwarf (siehe Kapitel 5.4.3). Zum Wintersemester 1803 trat Friedrich Wilhelm eine Professur in Würzburg an. Doch in der erzkatholischen Stadt konnte das Paar nicht Fuß fassen. Die Frauen der Professorenkollegen, unter anderem Paulus, Hoven, Hufeland und Schiller, wetterten – nicht zuletzt angeheizt von Carolines ehemaliger Schwägerin Dorothea – gegen die zu oft wiederverheiratete Frau. Eckart Kleßmann beschreibt das Verhalten gegenüber Caroline als einen „geradezu systema-

117 Caroline Michaelis Böhmer Schlegel (später Schelling) an Friedrich Wilhelm Schelling, 8./9. Juni 1800.

tisch[en] Verleumdungsfeldzug" (Kleßmann 1975: 253). Die Schillers nannten Caroline „Dame Luzifer" und ihr wurde eine Affäre mit dem Zoologieprofessor M. H. Kölner nachgesagt (vgl. Kleßmann 1975: 149–259). Außerdem fand man Anstoß an ihrer „unweiblichen" Anteilnahme am politischen Geschehen (Murtfeld 1973: 77). Der Umzug nach München 1806 war wohl ein willkommener Szenenwechsel. Friedrich Wilhelm wurde dort Mitglied der Akademie der Wissenschaft und später Generalsekretär der Akademie der Bildenden Künste. Mit diesen neuen Positionen kam finanzielle Sicherheit. 1806 verdiente Friedrich Wilhelm 1.200 Gulden (= ca. 1.740 Taler[118]) jährlich und ab 1808 sogar 3.000 Gulden (= ca. 4.350 Taler[119]). In München erlebte das Paar eine eher ruhige Zeit (Riepl-Schmidt 2016: 228). Kurz schöpfte Caroline sogar Hoffnung, mit den Geschwistern Tieck eine ähnliche Geselligkeit wie in Jena zu erleben (Kleßmann 2008: 280f.), doch die Freude war bald durch eine dunkle Vorahnung ihres eigenen Todes getrübt. Etwa vier Tage vor ihrem Tod, so erinnerte sich Friedrich Wilhelm, fragte Caroline ihn: „Schelling, glaubst du wohl, daß ich hier [in Maulbronn] sterben könnte?"[120] (zit. nach Pitt 1870: 186). Sie starb am 7. September 1809 bei einem Besuch der Schwiegereltern in Maulbronn (Kleßmann 2008: 284). Während Friedrich Wilhelm mit dem Tod seiner Frau schwer rang und schrieb, „daß dies Meisterstück der Geister nicht mehr ist, dieses seltene Weib von männlicher Seelengröße, von dem schärfsten Geist, mit der Weichheit des Weiblichen zartesten, liebevollsten Herzens vereint. O etwas der Art kommt nie wieder"[121] (zit. nach Pitt 1870: 184), ist Therese Heyne Forster Hubers Nachruf ein eher fragwürdiges Kompliment. Laut ihr war Caroline „[e]ines der merkwürdigsten Geschöpfe – an Sinnlichkeit, Falschheit und Verstand [...]"[122] (zit. nach Kleßmann 2008: 285). Man ist sich allerdings einig: Caroline war eine Frau von besonderem Verstand.

Noch während der Ehe mit August Wilhelm begann Caroline, Friedrich Wilhelm in allen Facetten des Lebens Aufmerksamkeit zu schenken. Im Zuge

118 Umrechnung basierend auf Flacker (2000: o. S.).

119 Umrechnung basierend auf ebd.

120 Friedrich Wilhelm Schelling an Philipp Michaelis, 29. November 1809.

121 Ebd.

122 Therese Heyne Forster Huber an Karl Leonhard Reinhold, 14. Dezember 1809.

dessen nahm auch ihre Arbeit für bzw. mit August Wilhelm ab (vgl. Bernays 1872: 23 & Damm 2009: 67). Für ihren dritten Ehemann arbeitete sie als Sekretärin und exzerpierte Texte. Zudem erstellte sie Rohfassungen von Theaterkritiken, Rezensionen und Übersetzungen (aus dem Italienischen und Französischen), die von Friedrich Wilhelm vor der Publikation bearbeitet wurden (vgl. Becker-Cantarino 2000: 58–60). Nach Augustes Tod schien sie auch eigenständige Übersetzungsprojekte zu verfolgen. Im Februar 1801 berichtete Caroline Friedrich Wilhelm Schelling, sie habe vor, eine Übersetzung von *Tancred und Gismund* von Boccaccio, die Auguste begonnen hatte, „zu vollenden, und so lange daran zu arbeiten, bis sie möglichst gelungen, und das Original wieder giebt in seiner Grosheit"[123] (zit. nach Damm 1997: o. S.). Im November desselben Jahres schrieb sie an August Wilhelm Schlegel: „Du wirst fragen, was ich thue. Ich thue nichts, mein Lieber, und habe fast schon einen halben kleinen Petrarch übersetzt"[124] (zit. nach Damm 1997: o. S.). Drei Jahre später brachte August Wilhelm das Buch *Blumensträusse italienischer, spanischer und portugiesischer Poesie* heraus. Darin erschien auch eine „unbeholfene Übersetzung" eines Petrarca-Sonetts, die Erich Frank Friedrich Wilhelm Schelling zuschreibt (vgl. 1912: 51–52). In Anbetracht des Briefes an August Wilhelm über ihre Beschäftigung mit Petrarca und der intensiven Zusammenarbeit mit Friedrich Wilhelm Schelling liegt es nahe, dass dies eine (Mit)übersetzung Carolines sein könnte.

1802 erschien anonym eines der ersten gemeinsamen Projekte von Caroline und ihrem damaligen Liebhaber Friedrich Wilhelm Schelling. Caroline rezensierte August Wilhelms Stück „Ion". Friedrich Wilhelm Schelling bearbeitete die Rezension und reichte sie ein (vgl. Becker-Cantarino 2000: 58–59). Unter anderem erschienen zwischen 1805 und 1807 sechs weitere Rezensionen Carolines für die *Allgemeine Literatur-Zeitung*, die in biografischen Beschreibungen Carolines als ihre „eigene Arbeit" beschrieben werden (vgl. Damm 2009: 78 & Kleßmann 1975: 258f.). Erich Frank allerdings sieht im Stil dieser Rezensionen auch eindeutig die Zusammenarbeit des Ehepaars belegt (vgl. 1912: 56).

123 Caroline Michaelis Böhmer Schlegel (später Schelling) an Friedrich Wilhelm Schelling, 13. Februar 1801.

124 Caroline Michaelis Böhmer Schlegel (später Schelling) an August Wilhelm Schlegel, 23. November 1801.

Friedrich Wilhelm griff in Carolines Texte ein und strich die „allzu zarte Spur der zarten Hände“[125] (zit. nach Becker-Cantarino 2000: 58). Bedenkt man Carolines Schreiberfahrung nicht nur in der Zuarbeit mit ihrem zweiten Ehemann, sondern auch als Übersetzerin in Mainz und viel gelesene „Briefkünstlerin“ (Riepl-Schmidt 2016: 240), ist es erstaunlich, dass Friedrich Wilhelm es für notwendig erachtet hatte, in ihre Texte einzugreifen. Barbara Becker-Cantarino sieht darin die Ausübung männlicher Kontrolle. Sie argumentiert, Friedrich Wilhelm fühlte sich „als Ehemann wie selbstverständlich zur Kontrolle und Überwachung des literarischen Produktes der eigenen Frau berufen“ (Becker-Cantarino 2000: 59). Die weibliche literarische Produktion befand sich also unter „Geschlechtsvormundschaft“, welche, so Becker-Cantarino, in der Frühromantik weniger restriktiv war als nach der Jahrhundertwende. Sie beschreibt darüber hinaus, dass die Beziehung zwischen den jungen Frühromantikern in den letzten Jahren des 18. Jahrhunderts „weitaus kooperativer“ war als die Zusammenarbeit zwischen Caroline und ihrem dritten Ehemann (vgl. Becker-Cantarino 2000: 58–61).

Caroline war im Laufe ihres Lebens wiederholt aus den Grenzen der Weiblichkeit ausgebrochen. Die übersetzerische Arbeit mit August Wilhelm Schlegel, bei der sie teilweise mit großer Freiheit und mit einem „idealistischen“ Ziel arbeitete, kann wohl als Ausbruch aus der vorgeschriebenen Rolle beschrieben werden. Die darauffolgende Affäre und Wiederheirat waren weitere Schritte in ihrer unerhörten „Selbstständigkeit“. Doch scheinbar war Caroline der Preis für diese Freiheit, nämlich gesellschaftliche Ächtung, zu hoch. Ihr Verhältnis zur bürgerlichen Gesellschaft (und somit auch zu der ihr vorgeschriebenen Frauenrolle) war komplex: Sie wollte nicht nach den „moralischen Vorschriften“ leben, gleichzeitig aber wollte sie von der Gesellschaft anerkannt werden. Kämpferisch schrieb sie „Göttern und Menschen zum Trotz will ich glücklich sein“ (zit. nach Stern 1990: 141), während ihr Verhalten immer wieder „anpassende Züge“ zeigte. Zu diesem angepassten Verhalten zählt, laut Sigrid Damm, dass sich Caroline den Interessen und Bedürfnissen ihrer Männer anpasste,

125 Caroline Michaelis Böhmer Schlegel (später Schelling) an August Wilhelm Schlegel, 11. Januar 1801.

die ruhmlose Rolle der Gehilfin bewusst annahm und der Versuchung, eigenständige Werke zu schreiben, widerstand (vgl. Damm 2009: 17f. & Dischner 1979: 92). Zudem veröffentlichte sie ihre Übersetzungen und Rezensionen anonym bzw. unter falscher Autor:innenschaft, denn, wie sie 1801 an August Wilhelm Schlegel schrieb, „unter meinem Namen hätte ich es [die Einreichung zur Veröffentlichung eines Berichtes] auf keine Weise tun mögen"[126] (zit. nach Becker-Cantarino 2000: 58).

In den Jahren nach 1796 reichte die Heirat mit August Wilhelm Schlegel und eine gewisse Diskretion bezüglich ihrer literarischen Tätigkeit, um Carolines Ruf nach den skandalösen Jahren in Mainz zu rehabilitieren. Die Ehe mit Friedrich Wilhelm Schelling allerdings war an sich „normbrechend", daher musste Caroline einen anderen Weg finden, sich in die bürgerliche Gesellschaft einzuordnen. Sie verschrieb sich dem „Frauenideal" der Aufopferung für den Ehemann – ein Verhalten, das sie in Jenaer Jahren an Dorothea kritisiert hatte. Sigrid Damm spricht von „weiblicher Schwäche" (2009: 79),[127] während Rudolf Murtfeld drei Jahrzehnte zuvor schreibt, die Arbeit Carolines für bzw. mit Friedrich Wilhelm sei die „Erfüllung ihres Frauentums" (1973: 82). Caroline ordnete sich ihrem Mann vollständig unter, vergötterte ihn und übertrug ihm mehr Kontrolle über ihre literarische Tätigkeit als ihr zweiter Ehemann, August Wilhelm Schlegel, jemals gehabt hatte oder für nötig erachtet hatte. Anstatt mit ihrer literarischen Arbeit die Grenzen der Weiblichkeit zu überschreiten, nutzte sie das Schreiben anderweitig, um sich als „weiblich" und „dienend" zu inszenieren, indem sie ihrem Mann die Kontrolle überließ. Doch ob Caroline nun mit Kalkül, aus emotionalen Gründen oder unbewusst sich ihrem Ehemann unterordnete, selbst in einem Bereich, in dem sie jahrelang Erfahrung gesammelt hatte und eigentlich eine gewisse Autorität gehabt hätte, lässt sich nicht klären. Auf ihren Ruf hatte es jedoch scheinbar einen positiven Effekt, denn Therese Huber schloss ihren Nachruf auf Caroline mit einem weiteren fragwürdigen Kompliment: „[S]ie hatte soviel Verstand, daß ich überzeugt bin,

---

126 Caroline Michaelis Böhmer Schlegel (später Schelling) an August Wilhelm Schlegel, 11. Januar 1801.

127 Sie sieht den Grund für Carolines Selbstaufgabe in ihren letzten Lebensjahren nicht nur in Carolines Liebe für den Ehemann, sondern auch in der Trauer um die Tochter (vgl. Damm 2009: 79).

sie wäre endlich gut geworden – ja man sagt mir, das sei sogar in ihrem letzten Lebensjahr der Fall gewesen“[128] (zit. nach Kleßmann 2008: 285).

Nach Bachleitner war Caroline auch als „geheime“ Zuarbeiterin in ihrer dritten Ehe eine „vielbeschäftigte Übersetzerin“ (1989: 15f.), da sie für bzw. mit Friedrich Wilhelm auch anderwärtig im literarischen Betrieb tätig war. Nach 1804 wird die finanzielle Motivation in den Hintergrund getreten sein. Die Tatsache, dass sie weiterhin übersetzte, spricht dafür, dass Caroline auch arbeitete, um ihren Ehemann zu unterstützen. Zudem übersetzte sie wahrscheinlich aus einer gewissen Leidenschaft für die Tätigkeit. Immerhin war sie zu diesem Zeitpunkt seit über 20 Jahren im literarischen Bereich tätig. In dieser Übersetzer:innenehe profitierte Caroline wieder nur indirekt finanziell (ökonomisches Kapital), sie bildete sich aber weiter, beschäftigte sich intellektuell (inkorporiertes kulturelles Kapital) und verzichtete bewusst oder unbewusst auf öffentliche Anerkennung ihrer Arbeit (kein symbolisches Kapital). Friedrich Wilhelm konnte aus der Arbeit mit Caroline materielle und zeitliche Vorzüge ziehen (ökonomisches Kapital) sowie sein symbolisches Kapital ausbauen (mehr Veröffentlichungen bedeuten mehr Prestige).

5.4.2.2 Therese Heyne Forster Huber – anonyme literarische Entfaltung aus Notwendigkeit in der Liebesehe

Therese heiratete Ludwig Ferdinand Huber zwei Monate nach Georg Forsters Tod. Es war eine Liebesehe und die „glücklichste Periode ihres [Thereses] Lebens“ (Hahn & Fischer 1993: 24), obwohl das frisch getraute Ehepaar bis 1798 finanziell schlecht gestellt war[129] und mit gesellschaftlicher Ächtung konfrontiert wurde. Diese zweite Ehe kam – gesellschaftlich gesehen – nicht an die Ehe mit

128 Therese Heyne Forster Huber an Karl Leonhard Reinhold, 14. Dezember 1809.

129 Ludwig hatte seinen Job quittiert und in Mainz war der gesamte Besitz Thereses verloren gegangen (vgl. Hahn & Fischer 1993: 24 & Kleßmann 2008: 250). Thereses Sohn Victor Aimé Huber berichtete rückblickend über diese Zeit, dass seine Mutter „ihre Kartoffeln am Dorfbrunnen gemeinsam mit den andern Bäuerinnen“ waschen musste (Victor Aimé Huber an Wilhelmine Cranz, 17. Januar 1855, zit. nach Hahn & Fischer 1993: 89). Anstatt der 20 Zimmer wie in Mainz lebte Therese in Bôle, der zweiten Schweizer Station der Hubers, mit ihrer Familie in nur neun Zimmern (Kewitz 2004: 91).

Georg heran, in der sich Therese unter den literarischen Größen der Epoche bewegt hatte (vgl. Hahn & Fischer 1993: 24). Nun war sie als Revolutionärin und untreue Ehefrau in Verruf gekommen (vgl. Becker-Cantarino 2000: 93). Der schlechte Ruf versperrte dem Ehepaar zumindest in der Anfangszeit viele Türen (vgl. Hahn & Fischer 1993: 24). Ludwig Huber versuchte, die Familie mit journalistischer, schriftstellerischer und übersetzerischer Arbeit über Wasser zu halten, und auch Therese ergriff die Feder schon 1793, um die Familie zu unterstützen (vgl. Kewitz: 12). Bald steuerte sie die Hälfte des Familieneinkommens bei (vgl. Hahn & Fischer 1993: 52). Im Mai 1789 zog Familie Huber nach Tübingen und kurz darauf nach Stuttgart, wo Ludwig für Johann Friedrich Cotta die Zeitung *Neueste Weltkunde* (später *Allgemeine Zeitung*) herausgab. In Stuttgart bewegten sich die Hubers wieder unter „angesehenen Bürgern" und die finanzielle Situation hatte sich entspannt. 1799 verdiente Huber 2.000 Gulden (= ca. 2.900 Taler[130]) (vgl. Hahn & Fischer 1993: 29 & Kleßmann 2008: 253). 1803 folgten die Hubers Ludwigs Redaktionstätigkeit nach Ulm. Das Ehepaar fand auch hier gesellschaftliche Anerkennung und bewirtete illustre Gäste (vgl. Hahn & Fischer 1993: 28f.). Im Frühjahr 1804 trat Ludwig eine Position im Landesdirektionsrat der Provinz Schwaben in der Schulabteilung an. Er verdiente jetzt neben dem Herausgebergehalt bei Cotta weitere 1.000 Gulden (= ca. 1.450 Taler[131]) im Jahr (vgl. Riepl-Schmidt 2016: 54 & Kleßmann 2008: 256f.). Mit diesem Einkommen war die Familie finanziell abgesichert. Dennoch unterstützte Therese ihren Mann auch weiterhin mit literarischer Tätigkeit. Sie lebte unter ständiger Mehrfachbelastung. Haushalt, Ehemann und Kinder versorgte sie mit wenig Hilfe, daneben schrieb und übersetzte sie (Hahn 1998: 114).[132]

---

130 Umrechnung basierend auf Flacker (2000: o. S.).

131 Umrechnung basierend auf ebd.

132 „Ich schrieb das Zeug unter dem Kinder gewühl – O schrieb oft von Mägde Arbeit müde. Von Wachen am Krankenbett meiner Kinder erhitzt bis Mitternacht" (Hahn & Fischer 1993: 56f.). Dies schlug sich auf Thereses sowieso schon angeschlagene Gesundheit nieder (vgl. Hahn & Fischer 1993: 30), die ihr auch noch in ihren späteren Lebensjahren schwer zu schaffen machte (vgl. Kewitz 2004: 64). Das Kindergebären und der frühe Tod vieler ihrer Kinder – nur vier von zehn erreichen das Erwachsenenalter – belasteten sie so sehr, dass sie einer Freundin klagt: „Huber wünscht sich noch mehr Kinder – wie kann er das thun!" (Hahn & Fischer 1993: 30).

Trotz extremer Zeitrestriktionen erarbeitete Therese ein umfangreiches Œuvre, welches neben ihren Romanen und Erzählungen auch Reisebeschreibungen, Biografien ihrer beiden Ehemänner sowie Werk- und Briefausgaben, Übersetzungen und journalistische Arbeit umfasst. In den schweren Schweizer Jahren unterstützte Therese Ludwig zum Beispiel dabei, die beiden Zeitschriften *Humaniora* (1796–1797) und *Neue Klio* (1796–1798) herauszugeben (vgl.Becker-Cantarino 2000: 99). Im Witwenstand übernahm sie die Redaktion von Johann Friedrich Cottas *Morgenblatt für gebildete Stände* (1818–1823/1826) (siehe Kapitel 5.5.2). In Neuchâtel, unter dem Einfluss von Madame de Charrière, die ihre Werke unter dem Pseudonym Abbe de la Tour veröffentlichte, und dem Einfluss französischer Literatur, veröffentlichte Therese im Jahr 1793/94 unter dem Namen „L.F. Huber“ ihr erstes Buch *Abenteuer auf einer Reise nach Neu-Holland* in Johann Friedrich Cottas Monatszeitschrift *Flora* (vgl. Hahn & Fischer 1993: 26f. & Finckh 215: 179). Im Gegensatz zu ihrer Jugendfreundin Caroline Michaelis Böhmer Schlegel Schelling wendete sich Therese nicht der neuen Bewegung der Frühromantik zu (vgl. Riepl-Schmidt 2016: 179),[133] sondern blieb der Aufklärung treu.[134] Heute werden Thereses Romane kaum gelesen. Bei ihren Zeitgenoss:innen allerdings waren Thereses Werke durchaus beliebt (vgl. Goetzinger 1997: 15 & vgl. Hahn & Fischer 1993: 86).[135]

133 Einer der potenziellen Gründe, warum sich keine Beziehung zum romantischen Schlegel-Kreis entwickelte, ist der Erfolg des Huber-Ehepaars. Barbara Becker-Cantarino vermutet, dass hier eine gewisse Eifersucht im Spiel war (2000: 95). Die schwierige Beziehung zwischen Caroline Michaelis Böhmer Schlegel Schelling und Therese, das Zerwürfnis Ludwig Hubers mit Schiller, der über das Ehepaar schimpfte, „mit diesen schlechten Naturen beschmutz[e] man sich nur“ (Hahn & Fischer 1993: 87), gefolgt von dem Zerwürfnis mit Friedrich Schlegel über Ludwigs Kritik des *Athenaeum* (vgl. Kleßmann 2008: 243) und die räumliche Distanz selbst standen der Zuwendung der Hubers zum Jenaer Frühromantikerkreis im Wege (vgl. Becker-Cantarino 2000: 97).

134 Das aufklärerische Leitmotiv des „Streben[s] nach Bildung und Ausbildung“ (Riepl-Schmidt 2016: 535) beeinflusste ihr Leben (vgl. Riepl-Schmidt 2016: 535f.) und ihr schriftstellerisches Werk (vgl. Hahn & Fischer 1993: 63). Viele ihrer Werke enthalten autobiografische Elemente (vgl. Hahn & Fischer 1993: 57 & Riepl-Schmidt 2016: 269–272) und sie scheute sich auch nicht vor neuen (vgl. Finckh 2015: 179), teilweise „kontroversen“ Themen wie etwa der Rechtfertigung des Eheverzichts (vgl. Goetzinger 1997: 23f.). In ihrem Spätwerk finden sich dann frühbiedermeierliche Einflüsse konservativer Ideale (vgl. Hahn & Fischer 1993: 63 & Kleßmann 2008: 314).

135 1805 etwa schrieb Gottlieb Konrad Pfeffel in einem Brief an Johann Friedrich Cotta, dass „[Ludwig Ferdinand] Huber schwer zu ersetzen sei“, da er bei Erzählungen „eine äußerst gefällige

Die Ehe mit Huber, der ihr „Mentor und Lehrer" (Kewitz 2004: 12) war, erlaubte Therese, sich zu entfalten (vgl. Becker-Cantarino 2000: 93), und ihre widrigen Lebensumstände veranlassten sie, die ihr als Frau vorgeschriebenen Grenzen zu überschreiten. Doch als Schriftstellerin an die Öffentlichkeit zu treten, das wollte sie nicht. Sie schrieb und übersetzte zu Lebzeiten Ludwig Hubers anonym oder unter Ludwigs Namen. Laut einem Brief an ihren ersten Geliebten Meyer war „*alles* was von Huber bekannt und nicht *Geschichte*, heißt *Weltgeschichte* ist, von [ihr]"[136] (zit. nach Hahn & Fischer 1993: 56, Hervorh. im Original). In einem Brief an ihren Vater 1810 beschrieb sie rückblickend die Zusammenarbeit mit Ludwig: „Mit dem Kinde an der Brust, neben der Wiege, und in den Nachtstunden wo alles schlief, [erhalte ich] meinen Kopf dadurch [...], daß ich die heftigen Gefühle meines Herzens, und den Flug meiner Fantasie in deutliche Bilder einschränkte, und an den Faden meiner Erzählung anreihte [...]. Huber schrieb dann meine unförmlichen Brouillons ins Reine, feilte, malte aus und beschnitt"[137] (zit. nach Hahn & Fischer 1993: 52). Therese verfasste also Rohfassungen und ihr Mann überarbeitete – „beschnitt, stellte, stylisierte"[138] (zit. nach Hahn & Fischer 1993: 56) – diese dann vor der Veröffentlichung. Es liegt nahe, dass die Zusammenarbeit des Ehepaars bei Übersetzungen ähnlich vonstattenging, insbesondere auch, weil es Therese aufgrund ihrer unsystematischen, autodidaktischen Ausbildung an Grammatik- und Rechtschreibkenntnissen mangelte (vgl. Hahn & Fischer 1993: 9f.).[139] Die anonyme Veröffentlichung bzw. die Veröffentlichung unter dem Namen ihres Ehemanns als Schutzschild erlaubten Therese, das Schreiben

Manier" habe. Ohne zu wissen, dass er bereits ein Werk von Therese vor sich hatte und seine positive Kritik Ludwigs eigentlich ihr galt, führte er fort: „Von Madam Huber, wenn sie wollte, und bei jetzigen Umständen könnte, ließen sich herrliche Arbeiten dieser Art erwarten. Sie hat meine Behauptung durch Proben bewahrheitet" (vgl. Hahn & Fischer 1993: 86).

136 Therese Heyne Forster Huber an Friedrich Ludwig Wilhelm Meyer, 5. Oktober 1804.

137 Therese Heyne Forster Huber an Christian Gottlob Heyne, August/September 1810.

138 Therese Heyne Forster Huber an Karl Leonhard Reinhold, Juni/Juli 1805.

139 Mit Ludwig verbesserte sich ihr Schreiben (Kewitz 2004: 12), doch auch später noch war sie sich in manchen Fällen unsicher (vgl. Hahn & Fischer 1993: 55f.). Sie gestand: „[...] um das und daß, wer und wem, zu unterscheiden muß ich meinen Perioden ins Französische übersetzen" (zit. nach Hahn & Fischer: 55).

hinter verschlossenen Türen zu verrichten und gegenüber der Öffentlichkeit als idealtypische Ehefrau aufzutreten (siehe Kapitel 5.2.1).

Eine weitere Strategie, die Therese nutzte, um ihre schriftstellerische und übersetzerische Tätigkeit gegenüber der Öffentlichkeit und nicht zuletzt ihrem Vater, der ihre literarische Arbeit nicht billigte (vgl. Hahn & Fischer 1993: 52 f.), zu rechtfertigen und sich als normkonforme Frau darzustellen, war die in Kapitel 5.4.1 beschriebene Bescheidenheitsstrategie. Erst 1819, nachdem sie schon längst einen gewissen Bekanntheitsgrad erreicht hatte, wurde sie zum ersten Mal mit vollem Namen als Autorin genannt (vgl. Hahn & Fischer 1993: 53 & Becker-Cantarino 2000: 90). Doch selbst dann trat Therese nicht selbstbewusst auf (vgl. Hahn 1998: 105ff.). Ihr wurde weiterhin vorgeworfen, ihre weiblichen Pflichten zu vernachlässigen und ein „Blaustrumpf" zu sein (vgl. Hahn & Fischer 1993: 24). So sah sie sich fortlaufend gezwungen, sich zu rechtfertigen (vgl. Hahn & Fischer 1993: 51). Um der Verurteilung entgegenzuwirken, ordnet sie sich demonstrativ in die vorherrschende Frauenrolle ein (vgl. Hahn 1998: 114). Sie bemühte sich erfolgreich,[140] ihr Wissen und ihre Gelehrsamkeit zu verstecken[141] (vgl. Hahn 1998: 108 & Kleßmann 2008: 252), und wenn ihre Gelehrsamkeit dennoch zur Sprache kam, dann wusste sie, diese in ihrer weitreichenden Lebenserfahrung zu verorten (vgl. Hahn & Fischer 1993: 24–26). In geschickter, duckender Selbstinszenierung[142] (vgl. Riepl-Schmidt 2016: 9), die sie auch an die jeweilige Empfängerin oder den jeweiligen Empfänger anzupassen wusste, betonte sie, wie wichtig ihr die Familie, Haus und Garten seien und dass sie niemals ihre „weiblichen" Pflichten vernachlässigt habe. Auch Ludwig stimmte darin überein. In einem Brief an seinen Schwie-

140 1791 beschrieb Erich Bollmann Therese als Frau, die „eine liebenswürdige Naivität in Allem, was sie thut und spricht" hat und „die zärtlichste Anhänglichkeit an ihren Mann und an ihre Kinder" zeigt (zit. nach Kleßmann 2008: 176).

141 Therese Heyne Forster Huber an Wilhelmina Klencke Hastfer von Chézy, 16. August 1821: „Ich habe einen großen Bekanntschaftskrais, aber einzig weil ich es nie errathen laße in meinem Gespräch, daß ich mehr als gesellschaftlichen Verstand habe. Ein Stuttgarter Mann flieht eine gebildete Frau [...]" (zit. nach Kewitz 2004: 55).

142 Therese Heyne Forster Huber an die Frau Johann Jakob Hottingers, Frühjahr 1794: „Ich eher mich mehr weil ich schnell einen guten Strumpf stricke als weil Göthe bey meinem unbefangenen Geschwätz gerüht nachdachte u meinen Geist prieß" (zit. nach Hahn & Fischer 1993: 26).

gervater verteidigte er Thereses Tätigkeit als Liebesdienst für ihn, um ihn zu entlasten und die Familie finanziell zu unterstützen (vgl. Hahn & Fischer 1993: 52f.).[143] Parallel dazu versicherte Therese, wie verhasst ihr doch das Schreiben, insbesondere die „männliche“, merkantile Seite mit dem Kontakt zu Verlegern, sei[144] (vgl. Hahn 1998: 105) und dass sie es nur zum Broterwerb für die Familie tat[145] (vgl. Becker-Cantarino 2000: 95 & Hahn 1998: 113). Ohne das vorherrschende Wertesystem des Mannes als Oberhaupt und der Bestimmung der Frauen in der Erfüllung ihrer Pflichten infrage zu stellen[146] (vgl. Hahn & Fischer 1993: 62), hatte sich Therese Freiraum geschaffen (vgl. Kewitz 2004: 11 & 14 & Hahn 1998: 117). Öffentlich unterwarf sie sich dem Ideal, während sie

143 Ludwig Ferdinand Huber an Christian Gottlob Heyne, 18. November 1795: „Und ihre [Thereses] Autorschaft! Ach wenn ich Ihnen dieses Stük von Theresens Leben und Herzen so anschaulich machen könnte; Ihr Vaterherz müßte sehr dadurch erfreut werden anstatt einen lächerlichen, unweiblichen Drang darinn zu finden! Erstlich übersezt sie mit, weil ich nicht mit aller Arbeit fertig werden kann, und dieser Gebrauch eines Theiles ihrer Zeit der ökonomisch einträglichste ist. [...] was sie nur treibt [die Hausarbeit unterbrechen], [...], weil ich um Beiträge angegangen werde, dich ich selbst ganz zu liefern weder Muße noch Stimmung habe [...] ihr das zum Vebrechen oder zum literarischen Ruhm anzurechnen, wäre würklich gleich barbarisch“ (zit. nach Hahn & Fischer 1993: 52f.).

144 Therese Heyne Forster Huber an Christian Gottlob Heyne, August/September 1810: „Mir ist das Gedruckte sein immer ein beunruhigendes, schmerzliches, demütigendes Gefühl“ (zit. nach Hahn & Fischer 1993: 52).

145 Therese Heyne Forster Huber an Christian Gottlob Heyne, August/September 1810: „Ich schrieb um meinen Mann die Mittel zu erleichtern Weib und Kind zu ernähren [...] [und] Aimé ein kleines Kapitel für seine spätere Erziehung sammeln zu können“ (nach Hahn & Fischer 1993: 51f.).

146 Im Gegenteil: Sie bestärkte diese Vorstellungen sogar. Insbesondere die Wichtigkeit von Familie und des Mutterseins war ein Thema für Therese. Wobei sich für sie die mütterlichen Aufgaben von Frauen nicht auf die leiblichen Kinder beschränkten. In ihrem Roman *Die Ehelosen* (1829) sprach sie sich für den Eheverzicht aus, denn laut Therese ist die Ehe nicht die „naturgegebene Bestimmung“ der Frau. Sie sah die weibliche Bestimmung in prosozialem Verhalten. D. h., laut Therese, sollten Frauen soziale Berufe ergreifen und damit ihre mütterlichen Pflichten erfüllen. Diese Überlegung bildet den Grundstein zur Verankerung von Frauen in sozialen Helfer:innenberufen (vgl. Goetzinger 1997: 25). Ihr auf den ersten Blick radikal wirkendes Plädoyer für die selbstbestimmte Ehelosigkeit war somit keine Kritik an den gesellschaftlichen Idealen der weiblichen Entsagung und Aufopferung (vgl. Goetzinger 1997: 17f.), sondern eine Erweiterung des Bereiches, in dem sich Frauen „aufopfern“ konnten. Germaine Goetzinger erklärt, dass Thereses Überlegungen dennoch bezüglich der Frauenemanzipation keinen Schritt zurück darstellten. Therese beschreibe keine Utopie, sondern lege einen realisierbaren Weg in die „weibliche Eigenständigkeit“ für ihre Zeitgenossinnen offen. Sie liefere eine Legitimation für den Eheverzicht und ein weibliches Berufsfeld (vgl. 1997: 17–25).

privat „unabhängig“ war. So berichtete sie 1810 ihrem Vater, noch bevor sie endgültig an die Öffentlichkeit trat: „Weiblicher ging wohl nie ein Weib von der, ihrem Geschlechte vorgeschriebenen, und es allein beglückenden Bahn ab, als ich“ (zit. nach Hahn & Fischer 1993: 51). Der Bescheidenheitsstrategie bediente sie sich auch weiterhin, als sie schon eine bekannte Autorin war. Selbst posthum verteidigte ihr Sohn ihre „Weiblichkeit“: „Die verewigte Verfasserin dieser Erzählung hat nie aufgehört, in ihrer Stellung als Schriftstellerin ein Heraustreten aus dem natürlichen Kreise stiller Weiblichkeit schmerzlich zu empfinden“ (Huber 1830: V).

Therese fiel die schriftstellerische und journalistische Tätigkeit leichter als das Übersetzen. Über ihre Übersetzung des französischen Romans *Émilie De Varmont, ou le Divorcé Nécessaire* (*Emilie von Varmont, eine Geschichte in Briefen*[147]) berichtete sie, dass sich ihr Mann über das von ihr „componierte“[148] (zit. nach Hahn & Fischer 1993: 56) Ende freute und es nach der Übersetzung drucken ließ (vgl. Hahn 1998: 56 & 112). Doch über die Übersetzung „schüttel-te [er] den Kopf [und] strich [sie] von einem Ende zu andren“[149] (zit. nach Hahn & Fischer 1993: 56). Therese war offensichtlich fest entschlossen, an ihren übersetzerischen Fertigkeiten zu arbeiten. „Ich weinte – übersetzte wieder, und wieder, und lernte es“[150] (zit. nach Hahn & Fischer 1993: 56). Im folgenden Jahr übersetzte sie ein französisches Theaterstück (erschienen unter L. Hubers Namen, vgl. Schreibter 2017).[151] Zudem übersetzte sie Zeitungsartikel, welche laut einem Brief an ihren Vater die einzigen Schriftstücke waren, die in ihrer Handschrift an die Druckerei gingen, und somit auch die einzigen, die direkt auf sie zurückzuführen waren (vgl. Hahn & Fischer: 52). Die Übersetzung

---

147 Louvet de Couvray, Jean-Baptiste/Huber, Therese (anonym) (1794). *Emilie von Varmont, eine Geschichte in Briefen. Nebst einem Anhang aus dem Französischen übersetzt und mit einer Vorrede begleitet vom Vefasser des heimlichen Gerichts*. Tübingen: Cotta.

148 Therese Heyne Forster Huber an Karl Leonhard Reinhold, Juni/Juli 1805.

149 Ebd.

150 Ebd.

151 Beaumarchais, Pierre A. C. de/Huber, Ludwig F. (eigentlich Therese Huber) (1795). *Tartüffe der Zweyte, oder die schuldige Mutter. Ein Schauspiel. Uebers. v. L. F. Huber*. Leipzig: Wolf.

verschiedener Werke von Madame de Charriére[152] werden in unterschiedlichen Quellen entweder Therese oder Ludwig zugeschrieben.[153] Man kann hier wahrscheinlich von einer gemeinsamen Arbeit ausgehen, doch wie so oft bei der übersetzerischen Zusammenarbeit zwischen Ehemann und Ehefrau dieser Zeit ist nicht eindeutig zu klären, welcher Art diese Zusammenarbeit war (vgl. Schreiber 2017). Ludwig Huber beschrieb die gemeinsame Arbeit angeblich als beinahe symbiotisch. „Huber sagte [...]: Sie [Therese] und ich [Ludwig] sind so vereint, dass wir nicht mehr entscheiden können, wessen Geist sich in den Arbeiten ausdrückt“[154] (zit. nach Schreiber 2017).

Die Zusammenarbeit von Therese und Ludwig brachte beiden finanzielle Vorteile (ökonomisches Kapital). Therese nutzte das Übersetzen allerdings auch, um ihre Schreibfertigkeiten zu verbessern (inkorporiertes kulturelles Kapital) (vgl. Schreiber 2017). Da sie bewusst auf ihre Namensnennung verzichtete, konnte Ludwig ihre Arbeit als seine veröffentlichen und den Ruhm dafür beanspruchen (symbolisches Kapital). Therese war in ihrer zweiten Ehe also eine „vielbeschäftigte“ (nach Bachleitner 1989: 15f.) und „professionelle“ (nach Knufmann 1967: 2681f.) Übersetzerin. Zumindest nach der Mainzer Zeit war ihre Hauptmotivation fürs Schreiben und Übersetzen, ihren Mann und ihre Familie finanziell zu unterstützen. Dies war zumindest das Bild, welches sie der Öffentlichkeit vermittelte. Sie stellt sich als widerwillige Berufsschriftstellerin aus Zwang dar, die „ebenso gerne in der Spinnstube wie im Sallon“[155] (Kewitz 2004: 55) sei. Wenn die Finanzen und die Unterstützung

152 Abbé de la Tour (Mad. de Charrier)/Huber, Ludwig F. (oder (mit) Therese) (1795). *Drei Weiber: Eine Novelle/von dem Abbé de la Tour. Aus dem französischen Manuskript übersetzt von L. F. Huber.* Leipzig: Wolf. & Abbé de la Tour (Mad. de Charrier)/Huber, Ludwig F. (oder (mit) Therese) (1796). *Honorine von Ueserche, oder die Gefahr der Systeme. Eine Novelle von dem Abbè de la Tour (Mad. de Charrier). Aus dem französ. Manuscript übersetzet.* Leipzig: Wolf.

153 Becker-Cantarino (vgl. 2000: 99) schreibt die Übersetzung sowohl Ludwig als auch Therese zu. Laut Hahn & Fischer (vgl. 1993: 28) und Riepl-Schmidt (vgl. 2016: 46) übersetzte „Huber“ die Werke, was keine eindeutige Aussage über die Urheberschaft liefert. Die Formulierung suggeriert allerdings, dass Hahn & Fischer und Riepl-Schmidt die Übersetzungen Ludwig Huber zuschreiben.

154 Therese Heyne Forster Huber an Karl Leonhard Reinhold, Juni/Juli 1805.

155 Therese Heyne Forster Huber an Wilhelmina Klencke Hastfer von Chézy, 16. August 1821.

des Ehemanns ihre einzigen Beweggründe gewesen wären, hätte sie wohl ihre schriftstellerische Produktion in finanziell besser gestellten Jahren eingestellt. Doch selbst als Ludwig ein gutes Einkommen erzielte, veröffentlichte Therese weiter.[156] Heute wird vermutet, dass das Schreiben für Therese doch mehr eine Berufung als ein Beruf war (vgl. Becker-Cantarino 2000: 89; Hahn & Fischer 1993: 54; Hahn 1998: 117 & Riepl-Schmidt 2016: 202).[157]

5.4.3 „Gesellin" aus eigenem Willen – Dorothea (Brendel) Mendelssohn Veit Schlegel

Ab 1799 lebten Dorothea und Friedrich in „wilder Ehe". Einer bürgerlichen Ehe standen unter anderem Dorotheas Scheidungsauflagen im Wege (siehe Kapitel 5.3.1.3). Obwohl Friedrich zunächst zögerlich zur Beziehung mit Dorothea stand (vgl. Stern 1990: 91), wollte er für sie – ganz der Mann – sorgen (vgl. Stern 1990: 106). Das Paar zog bald nach Jena zu August Wilhelm und Caroline Schlegel (vgl. Stern 1990: 138). Sie bildeten einen „Familienbund" bzw. eine Wohn- und Arbeitsgemeinschaft, um die sich bald weitere junge Menschen gruppierten (vgl. Stern 1990: 155f.). Zu den jungen Romantiker:innen zählten neben den Schlegels Ludwig Tieck, Novalis, Friedrich Wilhelm Joseph Schelling und von Zeit zu Zeit auch Clemens Brentano und Johann Gottlieb Fichte (vgl. Becker-Cantarino 2000: 119). Die Monate des Jenaer Kreises waren prägend für viele der „Mitglieder". Insbesondere Caroline Michaelis Böhmer Schlegel (siehe Kapitel 5.2.2) und Dorothea Mendelssohn Veit erlebten in dieser Zeit neben ihren „weiblichen" Pflichten ungewöhnliche Freiheiten im literarischen Betrieb. Dorothea schrieb einen Roman, Gedichte und Briefe. Sie empfand diese Zeit als „[e]in ewiges *Konzert* von *Witz* und *Poesie*, von *Kunst*

156 Hauptsächlich in Cottas *Flora* und dem *Taschenbuch für Damen* (vgl. Hahn & Fischer 1993: 56), das von Ludwig Huber mitherausgegeben wurde (vgl. Segebrecht 1972: 684f. & Riepl-Schmidt 2016: 53). Riepl-Schmidt berichtet darüber hinaus, dass Therese nach Ludwigs Tod (1804) seine Nachfolge antrat und bis 1822 weitere Erzählungen lieferte (vgl. 2016: 53f.).

157 Insbesondere das eindeutig pädagogische Ziel ihres Spätwerks und ihrer Redaktionsarbeit sprechen dafür, dass sie mit ihrem Schreiben „höhere" Ziele verfolgte (vgl. Hahn & Fischer 1993: 63f. & Hahn 1998: 127).

und *Wissenschaft*"[158] (zit. nach Behler 1994: 367, Hervorh. im Original). Aufgrund privater Spannungen und ästhetischer Differenzen hielt das Glück nicht lange (siehe Kapitel 5.3.1.1), und so zogen Dorothea und Friedrich 1802 nach Paris. Das Paar hoffte, sich hier eine Existenz aufzubauen und romantische Ideen nach Frankreich zu bringen (vgl. Stern 1990: 184f.). Zwar hatte sich ihre Beziehung, nachdem Friedrich in Jena das Interesse an seiner Dorothea verloren hatte, wieder erholt (vgl. Stern 1990: 178f. & 202), doch ihre finanzielle Situation blieb fatal (vgl. Stern 1990: 186f.).[159] Friedrich wollte und konnte auf Luxus nicht verzichten und ihn mit der Realität zu konfrontieren, hätte nur seine Gemütslage verstimmt und ihn so am Arbeiten gehindert (vgl. Stern 1990: 224). Somit war Dorothea gezwungen zu verzichten und die Verantwortung für die Geldsorgen zu übernehmen (vgl. Stern 1990: 180). Im Laufe ihres Lebens schrieb, übersetzte und lektorierte bzw. „kopierte" sie, um ihrem Mann kreativen Freiraum zu verschaffen, denn „den Künstler zum Handwerker herunterdrängen, das kann ich [Dorothea] nicht [...]. Was ich tun kann, liegt in diesen Grenzen: ihm Ruhe schaffen und selbst in Demut als Handwerkerin Brot schaffen"[160] (zit. nach Seibert 1993: 229). In den Pariser Jahren (1802–1804) führte sie sogar eine Pension (vgl. Stern 1990: 188–193), in der unter anderem Wilhelmina Klencke Hastfer (später von Chézy) unterkam (siehe Kapitel 5.3.2). Im April 1804 konvertierte Dorothea zum Protestantismus, und das Paar, welches sich in Frankreich schon als Ehepaar inszeniert hatte, heiratete. Kurz darauf zogen sie nach Köln. Die vier Jahre dort bis 1808 waren die unglücklichsten Dorotheas. Als konvertierte, geschiedene Jüdin hatte sie

158 Dorothea Mendelssohn Veit (später Schlegel) an Rahel Levin, vermutlich 1799.

159 Friedrich versuchte immer wieder, seine Lebenssituation zu verbessern, doch er scheiterte wiederholt. Von ihm gegründete Zeitschriften wie das *Athenaeum* (1798–1800) (vgl. Stern 1990: 89, 107f.) und *Europa* (1803) (vgl. Stern 1990: 185f.) liefen nicht gut. Die Karriere an der Jenaer Universität, die er 1800 anstrebte, gab er, nachdem er feststellte, dass Friedrich Wilhelm Schelling erfolgreicher war als er, wieder auf (vgl. Stern 1990: 171f.) und eine Anstellung über Klemens Wenzel Lothar von Metternich verspielte er, da er mit der Hierarchie nicht zurechtkam (vgl. Stern 1990: 271). Oft musste das Paar sich auf die finanzielle Unterstützung von Verwandten und Bekannten stützen (vgl. Stern 1990: 108, 145 & 186f.). Einige enge Beziehungen, wie etwa zu Dorotheas Geschwistern, litten unter dem finanziellen Ungleichgewicht (vgl. Stern 187).

160 Dorothea Mendelssohn Veit (später Schlegel) an Friedrich Schleiermacher, 14. Februar 1800.

einen schlechten Stand in der Gesellschaft und ihr fehlte das literarische Leben. 1806 wurde dann auch noch ihr Sohn Philipp zurück zu seinem Vater Simon Veit geschickt und die anhaltende finanzielle Not belastete die Ehe. Friedrich wurde immer egoistischer und gleichgültiger, flüchtete sich in Reisen und ließ Dorothea allein in einer Stadt, in der sie sich unwohl fühlte. Um der Einsamkeit zu entkommen, arbeitete Dorothea (vgl. Stern 1990: 221–228 & Stern 2007: o. S.). Friedrich berichtete: „Meine Frau liest, übersetzt, fühlt sich nicht wohl" (zit. nach Stern 1990: 226). Zuflucht fand Dorothea auch im Katholizismus. Sie konvertierte erneut und stürzte sich in katholischen Fanatismus, der sie mit vielen guten Freunden, wie etwa Friedrich Schleiermacher, Johann Wolfgang von Goethe und Karoline Paulus, brechen ließ (vgl. Stern 1990: 234–238). 1808 zog Friedrich nach Wien. Dorothea blieb in Köln zurück, wo sie sich um die gemeinsamen Schulden kümmern musste (vgl. Stern 1990: 240). Um ihre Ehe zu retten, folgte Dorothea Friedrich letztendlich nach Wien (vgl. Stern 1990: 243–245). Dort fand sie endlich wieder gesellschaftlichen Anschluss, obwohl dem Ehepaar außerhalb ihres Freundeskreises mit Vorbehalt begegnet wurde (vgl. Stern 1990: 248–257 & 266f.). In diesen Jahren nahm Dorotheas literarische Arbeit stark ab. Nach einem zweijährigen Aufenthalt in Frankfurt, wo Friedrich eine neue Stellung als österreichischer Diplomat am deutschen Bundestag angetreten hatte (vgl. Zovko 2007: o. S.), zog Dorothea 1818 zu ihren Söhnen nach Rom, während Friedrich wieder einmal versuchte, seine Schulden zu tilgen (vgl. Stern 1990: 270f.). Im Frühjahr 1819 auf Italienreise kam Friedrich mit dem kaiserlichen Gefolge nach Rom. Das Wiedersehen nach langer Trennung, gefolgt von einer erneuten Trennung, ließ die Zuneigung des Paares aufblühen (vgl. Stern 1990: 288ff.). Am 26. Januar 1820 schrieb Friedrich an Dorothea: „Ich sehne mich unsäglich nach Dir, meine gute, liebe Frau" (zit. nach Stern 1990: 290). 1820 zog das Paar zurück nach Wien (vgl. Becker-Cantarino 2000: 120) und lebte dort, bis Friedrich auf einer Reise nach Dresden am 12. Dezember 1829 an einem Schlaganfall starb (vgl. Stern 292). Geschieden und in einer Beziehung mit einem chronisch abgebrannten Schriftsteller hatte Dorothea begonnen, literarisch tätig zu werden, und ist über mehr als ein Jahrzehnt eine vielbeschäftigte Akteurin im literarischen Betrieb geblieben. 1799 erstellte sie für Friedrich eine Reinschrift seines skandalumwobenen

Romans *Lucinde*[161] (vgl. Stern 1990: 120), an dessen Lektorat sie auch beteiligt war (vgl. Becker-Cantarino 2000: 125). Etwa 1812 war sie ein weiteres Mal als Lektorin tätig, nämlich für Joseph von Eichendorffs *Ahnung und Gegenwart*[162] (vgl. Stern 1990: 249). Das Umfeld der Jenaer Frühromantik um 1799 inspirierte Dorothea, Eigenes zu schreiben (vgl. Stern 1990: 144). Nach dem Vorbild italienischer Stanzen (vgl. Becker-Cantarino 2000: 131) schrieb sie Gedichte für den Freundeskreis und verfasste ihren einzigen Roman *Florentin* (1801) (vgl. Stern 1990: 157). Ihr Roman, den Friedrich korrigiert hatte, wurde 1801 anonym von Friedrich herausgegeben. Dorotheas Vorwort zum Roman wurde nie veröffentlicht (vgl. Becker-Cantarino 2000: 133 & Becker-Cantarino 2001: 129). In Paris und später in Köln versuchte Dorothea, den Roman fortzuführen, doch dieses Vorhaben blieb unvollendet (vgl. Stern 1990: 202 & 228). Während der Zeit in Köln versuchte sie sich außerdem erfolglos an einem historischen Schauspiel (vgl. Stern 1990: 212). Darüber hinaus verfasste Dorothea seit ihrer Scheidung von Simon Veit Beiträge für die Zeitschriften *Athenaeum* und *Europa* (vgl. Stern 1990: 217).

Carola Stern beschreibt Dorotheas Schreibstil als spöttisch, witzig und ironisch. Sie lobt Dorotheas „Mut zur Meinung“ und sieht eine gewisse Ähnlichkeit zwischen dem Stil von Dorotheas Rezensionen und dem ihrer Jenaer Kolleg:innen (vgl. 1990: 217f.). Allerdings habe Dorothea, so Stern, nie versucht, sich mit Friedrich gleichzusetzen (vgl. 1990: 144). Dorothea stellte sich als Friedrichs „Gesellin“[163] und nicht als seine Konkurrentin dar. Ruhm und öffentliche Anerkennung kritisierte Dorothea als unschicklich für Frauen, denn das „männliche“ Künstlertum und Weiblichkeit waren für sie nicht vereinbar (vgl. Becker-Cantarino 1990: 121 & 132). Um nicht mit dem vorherrschenden Frauenbild zu brechen, bediente sich Dorothea, wie viele ihrer schreibenden Zeitgenossinnen, der Bescheidenheitsstrategie (siehe Kapitel 5.4.1). So rechtfertigte sie ihre literarische Tätigkeit als eine Notwendigkeit. Dem Ehemann konnte nicht zugemutet werden, sein Genie mit Broterwerb zu vergeuden,

161 Schlegel, Friedrich (1799). *Lucinde. Bekenntnisse eines Ungeschickten.* Berlin: Frölich.

162 Eichendorff, Joseph von (1815). *Ahnung und Gegenwart.* Nürnberg: Schrag.

163 Tagebucheintrag Dorotheas: „Ob mir mein Bestreben wohl gelingen wird, Friedrich ein Geselle zu sein […]“ (zit. nach Eichner 1997: 10).

also übernahm Dorothea das handwerkliche Schreiben für Geld (vgl. Stern 1990: 144). Im Gegensatz etwa zu Therese Heyne Forster Huber oder auch Caroline Michaelis Böhmer Schlegel in ihrer Ehe mit August Wilhelm Schlegel verschrieb sich Dorothea ihrem Mann vollständig und bis zur Selbstaufgabe. „[K]önnte mein Tod ihn glücklicher machen als mein Leben, ich *stürbe* ebenso gern als ich jetzt mich für ihn *erhalte*"[164] (zit. nach Becker-Cantarino 2000: 122, Hervorh. im Original). Barbara Becker-Cantarino beschreibt Dorotheas Verhalten als „untertänig[e] Selbstbeschneidung" (2000: 132) und Verinnerlichung des „romantische[n] Frauenbild[s] der geliebten Muse" (2000: 122). Dorothea gab ihre finanziell gesicherte, relativ „privilegierte" Stellung als Ehefrau eines jüdischen Kaufmanns, Tochter eines jüdischen Philosophen und gern gesehene Besucherin der Berliner Salons für eine Position als „Gehilfin" im patriarchalischen Literaturbetrieb auf (vgl. Becker-Cantarino 2000: 122). Sie hatte sich also mit der Entscheidung zur Beziehung mit Friedrich, dessen Vergötterung und der Inszenierung der eigenen Leistung als reines Handwerk weiter in die Marginalität gedrängt (vgl. Becker-Cantarino 2001: 123). Gleichzeitig jedoch diente ihre offensichtliche Aufopferung für Friedrich und die zelebrierte Bescheidenheit als ein Schutzschild, der ihr mehr Bewegungsfreiheit ermöglichte (vgl. Becker-Cantarino 2001: 126). Eine weitere Strategie, die Dorothea nutzte, um relativ „ungestraft" im literarischen Bereich tätig zu sein, war die anonyme bzw. falsche Autor:innenschaft. Sie wollte und konnte nicht in der Öffentlichkeit stehen (vgl. Stern 1990: 210) und so veröffentlichte sie ihren Roman, die Zeitungsbeiträge und Übersetzungen bzw. Bearbeitungen anonym oder unter Friedrich Schlegels Namen (vgl. u. a. Becker-Cantarino 2001: 126). Um ihre Anonymität zu schützen, ging sie angeblich sogar so weit, ihr Manuskript des Romans *Florentin* (1801) abschreiben zu lassen, damit der Verleger ihre Handschrift nicht erkennen würde (vgl. Becker-Cantarino 2000: 133). Selbst Freunde wussten oft nichts von der Arbeit Dorotheas, die hinter Friedrichs Namen steckte (vgl. Stern 1990: 214).

Entmutigt von negativen Kritiken ihres Romans, so Barbara Becker-Cantarino, wandte sich Dorothea in Paris dem Übersetzen zu (vgl. 2000: 121). In Paris und Köln von 1802 bis 1808, die produktivsten Jahre Dorotheas (vgl.

164 Dorothea Mendelssohn Veit Schlegel an Karoline Paulus, 1804.

Stern 1990: 202 & 228), machte Dorothea das Übersetzen zu ihrem Beruf (vgl. Stern 1990: 213). In Paris übersetzte sie gemeinsam mit Wilhelmina Klencke Hastfer (später von Chézy) (siehe Kapitel 5.3.2). Dorotheas Übersetzung des ersten Bandes des Briefromans der Frau von Krüdener[165] wurde als „gediegen" und „werkgetreu" beschrieben (vgl. Stern 1990: 191). Beim nächsten Übersetzungsprojekt mit Wilhelmina, diesmal für Friedrich Schlegels *Sammlung romantischer Dichtungen des Mittelalters,*[166] bei dem Dorothea *Die Geschichte des Zauberers Merlin*[167] aus dem Altfranzösischen übersetzte (1804), erlaubte sich die etwas erfahrenere Dorothea, das Ausgangsmaterial zu kürzen und zu modernisieren. Auch bei der Fortsetzung dieser Sammlung mit der Übersetzung *Loher und Maller*[168] aus dem Altdeutschen ein Jahr später kürzte Dorothea das Ausgangsmaterial. Außerdem schwächte bzw. strich sie anstößige Passagen. In Paris erstellte Dorothea mindestens zwei weitere Übersetzungen[169] aus mehreren (alt)französischen Quellen, die Friedrich in der Nationalbibliothek ausfindig gemacht hatte (vgl. Stern 1990: 213–215). In Köln (1804–1808) entstanden, so Stern, „Dorotheas beste Übersetzungen und Bearbeitungen" (vgl. 1990: 228). 1807 erschien die vierbändige Übersetzung des Romans von Germaine de Staël *Corinne ou l'Italie* (*Corinna oder Italien*[170]) mit einem Vor-

---

165 Krüdener, Barbara J. von (1804). *Valerie: Ou, Lettres de Gustave de Linar a Ernest de G....* 2 Bände. Paris: Henrichs. Die Übersetzung ins Deutsche von Dorothea und Wilhelmina blieb unveröffentlicht (vgl. Stern 1990: 191 & Kapitel 5.3.2).

166 Schlegel, Friedrich (Hg.) (1804). *Sammlung romantischer Dichtungen des Mittelalters, aus gedruckten und handschriftlichen Quellen herausgegeben von Friedrich Schlegel.* 2 Bände. Leipzig: Junius.

167 Schlegel, Friedrich (Hg.)/Schlegel, Friedrich (eigentlich Dorothea) (1804). „Die Geschichte des Zauberers Merlin". In: *Sammlung romantischer Dichtungen des Mittelalters, aus gedruckten und handschriftlichen Quellen herausgegeben von Friedrich Schlegel.* 2 Bände. Leipzig: Junius.

168 Schlegel, Friedrich (Hg.)/Schlegel, Friedrich (eigentlich Dorothea) (1805). *Loher und Maller. Eine Rittergeschichte.* Frankfurt am Main: Friedrich Wilmans.

169 Schlegel, Friedrich (Hg.)/Schlegel, Dorothea (anonym) (1802). *Geschichte der Jungfrau von Orleans. Aus altfranzösischen Quellen. Mit einem Anhange aus Hume's Geschichte von England.* Berlin: J. D. Sander. & Schlegel, Friedrich (Hg.)/Schlegel, Friedrich (eigentlich Dorothea) (1803). *Geschichte der Margaretha von Valois, Gemahlin Heinrichs IV. Von ihr selbst beschrieben. Nebst Zusätzen und Ergänzungen aus anderen französischen Quellen.* Leipzig: Junius.

170 Staël, Germaine de & Schlegel, Friedrich (Hg.)/Schlegel, Friedrich (eigentlich Dorothea) (1807). *Corinna oder Italien.* 4 Bände. Berlin: Unger.

wort Friedrich Schlegels. Friedrich wurde als Übersetzer und Herausgeber geführt, obwohl die Übersetzung von Dorothea stammte. August Wilhelm Schlegel hatte seinem Bruder den Übersetzungsauftrag vermittelt. Aus Sorge, Friedrich würde nicht genug Zeit dafür finden, fragte Dorothea August Wilhelm, ob sie den Auftrag übernehmen könne: „Sind Sie denn nicht zufrieden mit meinen Übersetzungen; ich dächte doch, Sie könnten mir diese Arbeit überlassen"[171] (zit. nach Körner 1969: 387). Unter „fabrikmäßigen" Bedingungen – sie bekam den Ausgangstext nicht vollständig, sondern bogenweise zugeschickt –, die ihr die Arbeit erschwerten, weil ihr der Überblick über das Gesamtwerk fehlte, übersetzte Dorothea „vom Morgen bis Abend".[172] Ihre harte Arbeit zahlte sich aus. Die Übersetzung kam gut an (vgl. Stern 1990: 216f.).[173] Dorothea selbst war stolz auf ihre Übersetzungen bzw. „Bearbeitungen", wie sie ihre Arbeiten bezeichnete: „Ich bilde mir mehr auf diese Bearbeitung der alten Romane ein als auf alles, was ich selber hervorzubringen imstande sein dürfte; und ohne große Eitelkeit darf ich mich wohl rühmen, auch einiges Verdienst darum zu haben" (zit. nach Marko 1995: 35). Barbara Becker-Cantarino lobt Dorothea als eine sprachlich geschickte und einfühlsame Übersetzerin mit einem guten Gespür für die Auswahl und Kürzung von Texten (vgl. 2001: 125).

Die Zusammenarbeit zwischen Dorothea und Friedrich war vielfältig. Friedrich besorgte das Ausgangsmaterial und machte eine Textauswahl, er redigierte Dorotheas Texte, machte Anmerkungen und teilweise schrieb er Einleitungen für ihre Übersetzungen (vgl. Stern 1990: 214 & Becker-Cantarino 2001: 125). Dorotheas Aufgaben – neben den Pflichten als Ehefrau, Hausfrau und Mutter – umfassten die einer Redaktionsassistentin, Kopistin, Lektorin,

---

171 Dorothea Mendelssohn Veit Schlegel an August Wilhelm Schlegel, 22. Februar 1807.

172 Dorothea Mendelssohn Veit Schlegel an Karoline Paulus, 8. Juni 1807: „Seit einem Monat ist Friedrich wieder in Köln, nachdem er ganze 6 Monate mit seinem Bruder im innern Frankreich bei der Frau von Stael zugebracht hat, während der Zeit ich hier die Einsamkeit studirt und es bis zu einer ziemlichen Fertigkeit darin gebracht habe. Jetzt bin ich vom Morgen bis Abend beschäftigt, den neuen Roman der Frau v. Stael zu übersetzen" (zit. nach Raich 1881: 225).

173 Die Leser:innen nahmen natürlich an, Friedrich sei der Übersetzer gewesen. So rezensierte die *Zeitung für die elegante Welt* (1801–1859) Dorotheas Arbeit als eine Übersetzung, „wie man sie von einem so gewandten, kenntnisreichen Schriftsteller [Friedrich Schlegel] erwarten kann, d. h. vortrefflich" (zit. nach Stern 1990: 217).

kritischen Leserin und Übersetzerin (vgl. Stern 1990: 160). Es ist allerdings zweifelhaft, ob Friedrich Dorotheas Meinung zu seiner Arbeit tatsächlich zu schätzen wusste, denn seine Frau berichtete im Januar 1800 ihrem Freund Friedrich Schleiermacher: „Friedrich hat wunderwürdige Terzinen gemacht, kommt mit jeder einzelnen Terzine drei Treppen hinunter, liest es mir einzeln vor, und da ich stupider Weise unmöglich gleich den Sinn fassen kann, obgleich der Glanz der Verse mich trifft und mir behagt, so fährt er mich dermassen an, daß ich vor Angst fast gestorben bin“[174] (zit. nach Raich 1881: 26). Wie die Zusammenarbeit bei Übersetzungen ausgesehen haben mag, ist nicht eindeutig zu klären. Carola Stern berichtet, Dorothea habe in den Jahren 1804 bis 1809, in denen Friedrich viel unterwegs war, eigenständiger gearbeitet als zuvor (vgl. 1990: 215). Da Friedrich für manche ihrer Arbeiten Anmerkungen und Vorworte verfasste (vgl. Becker-Cantarino 2001: 125), ist davon auszugehen, dass er Dorotheas Übersetzung zumindest einmal las, bevor er sie unter seinem Namen herausbrachte und/oder an Verleger schickte. Zudem besserte Friedrich vielleicht, wie schon bei Dorotheas Roman *Florentin* (1801) (vgl. Becker-Cantarino 2000: 133), auch in ihren Übersetzungen grammatikalische Fehler aus. Henriette Herz, eine Freundin Dorotheas, schrieb über die frühen Jahre der Beziehung von ihrer Freundin und Friedrich: „[S]eine [Friedrichs] literarische Tätigkeit war eben damals eine bedeutende, und er arbeitete gern unter ihren [Dorotheas] Augen, ja mit ihrem Beirat“ (zit. nach Janetzki 1804: 61). Dennoch schrieb er undankbar an seinen Bruder: „So fleissig meine Frau auch ist, so hilft dieß doch nicht viel“[175] (zit. nach Körner 1969: 138).

Von dieser partnerschaftlichen (übersetzerischen) Zusammenarbeit scheint hauptsächlich Friedrich profitiert zu haben. Das ökonomische Kapital, das Dorothea erarbeitete, kam ihm zugute und zudem konnte er ihre Leistung als seine ausgeben (symbolisches Kapital). Dorotheas Entwicklung von frühen „gediegenen“ hin zu selbstbewussten Übersetzungen zeigt, dass sie im Laufe ihrer übersetzerischen Tätigkeit und im Zuge der Zusammenarbeit mit Friedrich (z.B. durch sein Lektorat) ihre Übersetzungspraxis verbessern konnte (inkorporiertes kulturelles Kapital). Dennoch stand ihre gesamte Arbeit im Diens-

---

174 Dorothea Mendelssohn Veit (später Schlegel) an Friedrich Schleiermacher, 16. Januar 1800.

175 Friedrich Schlegel an August Wilhelm Schlegel, 3. August 1804.

te Friedrich Schlegels (vgl. Becker-Cantarino 2000: 120). Ihre Motivation war, für Friedrich äußere Umstände zu schaffen, die es ihm erlauben würden, sich kreativ zu entfalten. Sie wollte als „Brotschreiberin“ das Familieneinkommen aufbessern (vgl. Stern 1990: 143f.). Besonders das Übersetzen war für sie, so Barbara Becker-Cantarino, eher Gelegenheitsarbeit aus finanziellen Gründen (vgl. 2001: 125). Hinter ihrer eigenständigen kreativen Arbeit, insbesondere zum Höhepunkt der Jenaer Frühromantik, stand vielleicht auch eine Art romantische Überzeugung (vgl. Stern 1990: 144 & Becker-Cantarino 2001: 125). Sie kann somit als eine „professionelle“ und „vielbeschäftigte“ Übersetzerin beschrieben werden (nach Knufmann 1967: 2681f. & Bachleitner 1989: 15f.). In der Öffentlichkeit wollte sie jedoch nicht als Schriftstellerin mit künstlerischem Anspruch, sondern, wenn überhaupt, als „Brotschreiberin“ wahrgenommen werden (vgl. Becker-Cantarino 2000: 120), was ihr der Schutzschild der Veröffentlichung unter dem Namen des Ehemannes und der Anonymität erlaubte.

Friedrich nahm Dorotheas Arbeit ohne Anerkennung ihrer Leistung in sein Gesamtwerk auf (vgl. Stern 214f.).[176] So blieb Dorothea lange nur als Gesellin Friedrichs bekannt (vgl. Becker-Cantarino 2001: 123), obwohl sie ein führendes Mitglied der Jenaer Frühromantik war (vgl. Stern 1990: 90) und im Zeitraum von 1801 bis 1810, laut Becker-Cantarino, zehn Bücher bearbeitet sowie mit ihren Übersetzungen mittelalterlicher Texte erste Schritte zur romantischen Volksliteratur getan hatte (vgl. 2001: 124f.). Ihre Arbeit als professionelle Literatin wurde aufgrund ihres Geschlechts, ihrer jüdischen Herkunft, ihrer gesellschaftlichen Stellung als geschiedene Frau und nicht zuletzt aufgrund des Egoismus Friedrichs lange nicht anerkannt (vgl. Becker-Cantarino 2001: 126). Kritiker Dorotheas stoßen sich an ihrer Ergebenheit für Friedrich, wie etwa Hannah Arendt, die Dorothea vorwirft: „Dorothea lernte nicht die Welt kennen, sondern Schlegel, sie gehörte nicht zu der Romantik, sondern zu Schlegel. Was bleibt ist, daß es ihr gelungen ist, sich an einen Menschen zu hängen und von ihm sich durch die Welt schleifen zu lassen. Ihr Leben ist unerzählbar, weil es keine Geschichte hat“ (vgl. Arendt 1959/1997: 46f.).

176 Dorothea akzeptierte die Aufnahme ihrer Leistung in Friedrichs Œuvre. Nur als er auch ihre Übersetzungen in sein Gesamtwerk aufnehmen wollte, erhob sie vergeblich ihre Stimme (vgl. Stern 1990: 214f.).

5.4.4 Ein Versuch für die Liebe oder die Suche nach finanzieller Sicherheit? – Wilhelmina (Helmina) Klencke Hastfer von Chézy

1801/02 verlobte sich Wilhelmina mit Johann Gottfried Schweighäuser (vgl. Hundt 1997a: 105 & Kambas 1996/2012: 249), doch die Beziehung hielt nicht lange. Der Grund dafür war wahrscheinlich Wilhelminas späterer Ehemann Antoine-Léonard von Chézy, ein Orientalist und Übersetzer aus dem Sanskrit (vgl. Kambas 1996/2012: 249), den Wilhelmina 1802 oder 1803 über Friedrich Schlegel kennenlernte (vgl. Chézy 1858a: 250ff.). Als Dorothea und Friedrich Schlegel 1804, frisch verheiratet, Paris verließen, zog Wilhelmina zunächst auf das Schloss Clichy zu Mme Récamier und dann ab November 1804 in eine Pension (vgl. Kewitz 2004: 67). 1805 heiratete sie Antoine-Léonard von Chézy. Aus dieser Ehe gingen zwei Söhne, Wilhelm (1806) und Max (1808), hervor, die Wilhelmina nach der Trennung von Antoine-Léonard alleine großzog[177] (siehe Kapitel 5.5.4). Antoine-Léonard „weckte in mir [Wilhelmina] die Lust, aus der Quelle der Dichtungen des Orients, die zugleich der Urquell aller europäischen Poesie ist, zu schöpfen“ (vgl. Chézy 1818: 142), erinnerte sich Wilhelmina in einem autobiografischen Text, der 1818 erschien.[178] Sie lernte Persisch, „doch die Pflichten der Hausfrau und Mutter, die ich [Wilhelmina] mir bewußt bin, redlich und mit der höchsten Anstrengung erfüllt zu haben, [hielten] mich vom Studium des Persischen [ab]“ (Chézy 1818: 155). Auch in der Ehe sah sich Wilhelmina genötigt, neben ihren „weiblichen Pflichten“ weiter schriftstellerisch tätig zu bleiben (vgl. Chézy 1818: 155f.), „weil unsere [von Chézys] Einnahme knapp war“ (Chézy 1858a: 352). Über diese Zeit schrieb sie später: „Wie gern schrieb ich in kalten Nächten am Kamin, wo ein paar Brände eine kärgliche Wärme verbreiteten. Unerquickt durch ein warmes Getränk, ungelabt durch ein kräftiges Nachtessen! Ich entbehrte für die, welche mir auf der Welt das Theuerste waren, meine lieben Kinder, für meinen Mann, der nur eine

177 Sie ernährte ihre Familie, abgesehen von geringer monatlicher finanzieller Unterstützung von Antoine-Léonard (vgl. Kewitz 2004: 18 & Kambas 1996/2012: 249), mit ihrer literarischen Tätigkeit (vgl. Hundt 1997b: 50).

178 Chézy, Wilhelmina von (Hg.) (1818). *Aurikeln. Eine Blumengabe von deutschen Händen.* 1. Band. Berlin: Duncker und Humblot.

knappe Einnahme bezog" (Chézy 1858a: 332f.). Als verheiratete Frau war sie nun vermehrt privater und gesellschaftlicher Kritik ausgesetzt (vgl. Kewitz: 18). Ihre Schwiegermutter beklagte sich wiederholt und riet Wilhelmina: „Glauben Sie mir, hören Sie mit Ihren Schreibereien auf, und flicken Sie Ihre Sachen!" (Chézy 1858b: 394). Wilhelmina war sich der Erwartungen an sie durchaus bewusst (vgl. Chézy 1818: 67f.), doch sie wollte sich dem gesellschaftlichen Druck zur weiblichen Aufopferung und Bescheidenheit nicht beugen. Kokett schrieb sie in ihrer Autobiografie *Unvergessenes*[179]: „[A]ber sie [ihre Schwiegermutter] sah mich doch nie beim Flicken sitzen" (Chézy 1858b: 394). Spätestens fünf Jahre später war die Liebe zu Antoine-Léonard erloschen. Wilhelmina klagte über mangelnde Aufmerksamkeit von Seiten ihres Mannes und über seine Arbeitswut (vgl. Chézy 1858a: 352 & 375f.). Laut Adelbert von Chamisso hatte das Ehepaar selbst in Paris nicht in einer gemeinsamen Wohnung gewohnt (vgl. Kambas 1996/2012: 249) und Wilhelmina erinnerte sich daran, dass ihr Mann zunächst noch täglich (vgl. Chézy 1858a: 331) und später nur alle acht und teilweise sogar nur alle 14 Tage zu Besuch kam (vgl. Chézy 1858a: 375 & Chézy 1858b: 395). 1810 hatte sie eine Affäre mit Adelbert von Chamisso, die jedoch bald unglücklich endete (vgl. Kambas 1996/2012: 249), und auch mit Joseph von Hammer-Purgstall, Diplomat, Orientalist und Übersetzer, war sie romantisch verbunden (vgl. Höflechner et al. 2018: 954f.). Diese Affären trugen zu Wilhelminas schlechtem Ruf bei (vgl. Stern 1990: 181 & Kewitz 2004: 41). In Wilhelminas Autobiografie bleiben diese „unsittlichen" Details natürlich unerwähnt. Sie selbst sah das Ende ihrer Ehe mit Antoine-Léonard darin begründet, dass ihr „Mann [sie] nicht mehr durch Liebe aufrecht hielt"[180] (zit. nach Kewitz 2004: 67). Wilhelmina war eine Befürworterin der Auflösung unglücklicher Ehen (vgl. Kewitz 2004: 67). 1810 zog sie so mit Zustimmung ihres Ehemanns (vgl. Kambas 1995/2012: 249) und „im Besitz [ihrer ihr] gerichtlich zugesicherten Rechte"[181] (zit. nach Kewitz 2004: 68) – allerdings „nur" getrennt, nicht geschieden – nach Heidelberg (vgl. Baumgartner 2009: 59). Irina Hundt berichtet, die Ehe wäre gescheitert, weil Wilhelmina das Schreiben

179 Chézy, Wilhelmina von (1858). *Unvergessenes*. 2 Bände. Leipzig: F. A. Brockhaus.

180 Wilhelmina Klencke Hastfer von Chézy an Therese Heyne Forster Huber, 25. November 1825.

181 Ebd.

nicht aufgeben wollte und sie „sich nicht mit der Rolle einer Hausfrau und Mutter begnügte" (Hundt 1997b: 50).

Während ihrer zweiten Ehe war Wilhelmina vor allem journalistisch tätig (vgl. Chézy 1858a: 332ff.). Sie verfasste einen zweiteiligen Bericht über das kulturelle Paris im Auftrag des Verlegers Friedrich Justin Bertuch.[182] Dieses „Sammelwerk" enthält Beschreibungen von Paris und Umgebung, Abhandlungen zur Kunst sowie Übersetzungen (vgl. Baumgartner 2009: 59). Mit ihren Liebhabern kam es zu gemeinsamen Übersetzungsprojekten. Die Liebe zu Adelbert von Chamisso etwa erblühte während einer gemeinsamen Übersetzung der Vorlesung *Über dramatische Kunst* August Wilhelm Schlegels ins Französische (vgl. Kambas 1996/2012: 249). Mit oder zumindest für Joseph von Hammer-Purgstall übersetzte Wilhelmina *Paragraphen aus dem Persischen* (vgl. Hub 1849: 327).

Darüber, ob diese Übersetzungen Liebesdienste für ihre Liebhaber und/oder finanziell motiviert waren, kann nur spekuliert werden. Aufgrund der finanziellen Lage ihrer Familie liegt eine materielle Motivation ihrer schriftstellerischen und übersetzerischen Tätigkeit nahe. Bénédicte Savoy schreibt in seinem Vorwort zur Neuauflage Wilhelminas *Leben und Kunst in Paris Seit Napoleon I.* zudem, Wilhelmina habe das Bedürfnis gehabt, ihre Leser:innen „teilhaben zu lassen" und ihnen etwas mitzuteilen (vgl. 2009: XXII). Sie übersetzte zwar mit ihren Liebhabern, aber (nach aktueller Quellenlage) nicht mit ihrem Ehemann, der ebenfalls Übersetzer war. Gründe dafür könnten einerseits das für Wilhelmina unzugängliche Arbeitsfeld Antoine-Léonards und die Distanz des Paares gewesen sein. Darüber hinaus wollte sich Wilhelmina auch nicht hinter dem Namen ihres Mannes verstecken. Sie war es gewohnt, sich mit übersetzerischer und journalistischer Tätigkeit den Lebensunterhalt zu verdienen, und tat dies auch weiterhin als verheiratete Frau. So war sie auch in ihrer zweiten Ehe eine „vielbeschäftigte", eigenständige Berufsübersetzerin, Journalistin und Schriftstellerin (nach Bachleitner 1989: 15f.).

182 Chézy, Wilhelmina von (1805/06). *Leben und Kunst in Paris seit Napoleon I.* 2 Bände. Weimar: Bertuch.

5.5 Leben ohne Mann

> Ich würde, wenn ich ganz mein eigener Herr wäre und außerdem in einer anständigen und angenehmen Lage leben könnte, weit lieber gar nicht heiraten und auf andre Art der Welt zu nutzen suchen.
> Caroline Michaelis (später Böhmer Schlegel Schelling), 1781[183]
> (zit. nach Kleßmann 1975: 53)

Ein Leben ohne Mann war um 1800 für Frauen schwierig, da ihnen viele Aspekte des öffentlichen Lebens verschlossen waren. Blieb man unverheiratet, so stand man unter der Obhut des Vaters oder anderer männlicher Verwandter und konnte bzw. musste sich auf deren (finanzielle) Unterstützung verlassen. Wie in Kapitel 5.3 beschrieben, bedeutete die Scheidung, vor allem in einer Zeit vor den Gesetzesänderungen wie etwa dem *Allgemeines Landrecht für die Preußischen Staaten* (*ARL*), aber auch danach, meist materielle Unsicherheit oder Ruin für die geschiedene Frau. Auch Witwen waren meist mit Armut konfrontiert. Sie mussten die Kinder nun selbst durchbringen, die Beerdigung finanzieren und die Geschäfte des verstorbenen Ehemanns liquidieren oder nach Zunftabgaben weiterführen. Oft waren Frauen aus Geldnot oder aus Bedenken um den eigenen Ruf gezwungen, erneut zu heiraten (z.B. Caroline Michaelis Böhmer, siehe Kapitel 5.2.2). Je höher der Stand einer Frau, desto weniger gravierend waren die finanziellen und sozialen Konsequenzen des Witwenstandes. Manche Frauen empfanden den Tod des Ehemannes sogar als befreiend und strebten ein unabhängiges Leben an, wie etwa Caroline nach dem Tod ihres ersten Ehemannes (siehe Kapitel 5.2.2). Sie blieben bewusst ledig oder heirateten aus Liebe, gründeten religiöse Orden, patronisierten Philosophen oder führten Salons (vgl. Hufton 1994: 56ff.). Andere Witwen zogen sich in den Kreis ihrer Familie zurück (siehe Kapitel 5.5.3) oder bauten sich aus Notwendigkeit und/oder Leidenschaft eine Karriere auf (siehe Kapitel 5.5.2).

---

183 Caroline Michaelis (später Böhmer Schlegel Schelling) an Louise Gotter, 1. November 1781.

5.5.1 Frauenemanzipationsversuche

Die Situation für Frauen in ganz Europa sah um die Jahrhundertwende vom 18. zum 19. Jahrhundert, trotz Bemühungen für eine Gleichberechtigung zwischen Männern und Frauen, finster aus (siehe Kapitel 3.2). Die Gesellschaft hielt an der „natürlichen" Differenz zwischen den Geschlechtern fest, die Frauen in die Passivität und das Private drängte, und baute ihr Werte- und Normensystem entsprechend auf. Auch im literarischen Betrieb blieb die patriarchalische Tradition erhalten. Zwar wurden in der Romantik einige wenige Frauen idealisiert und standen somit in der Öffentlichkeit, doch die Idealisierung der Frau als einzigartig in ihrer Weiblichkeit und als Verkörperung der romantischen Idee bestärkte das Patriarchat nur. Die Vorstellung der „Geschlechterdifferenz" wurde dadurch betont und Frauen wurden somit in der Passivität festgehalten. Männer dominierten weiterhin den literarischen Bereich. Abgesehen von wenigen „vergötterten" Frauen, wie etwa Bettina von Arnim, waren schreibende Frauen als Dilettantinnen verschrien und wurden in ihre Schranken gewiesen. Über ihr Schreiben wurde geurteilt, doch sie durften nicht urteilen, und man wollte sie, wenn überhaupt, lediglich innerhalb der Grenzen der „Frauenliteratur" sehen (vgl. Becker-Cantarino 2000: 62ff. & 259–262). Trotz alledem versuchten sich einige Frauen, in der Schriftstellerei, im Journalismus und der Übersetzung selbst zu verwirklichen und Unabhängigkeit zu finden. Das Ziel dieser kämpferischen Frauen war somit in erster Linie auf das eigene Leben bezogen und weniger politisch als das Engagement der Frauenrechtler:innen in den darauffolgenden Jahrzehnten und Jahrhunderten. Dennoch waren die Frauen, die es schafften, trotz des männlichen Widerstands im literarischen Betrieb Fuß zu fassen, Wegbereiterinnen der Frauenemanzipation. Der erste Schritt musste sein, Freiheit kennenzulernen, denn „niemand kann andere befreien, der nicht weiß, was Freiheit ist" (vgl. Stern 1990: 71).

Schon die Nachnamen von Caroline Michaelis Böhmer Schlegel Schelling sind Indiz für ihre emanzipatorischen Bemühungen. Caroline lebte immer wieder erstaunlich selbstbestimmt, doch im Gegensatz etwa zu Therese trat die ältere Caroline mit ihrer literarischen Tätigkeit nie an die Öffentlichkeit. Therese war, so Mascha Riepl-Schmidt, wegweisender für die Frauenemanzipation als Caroline (vgl. 2016: 213f.). Therese sprach sich unter anderem für die Erziehung von Mädchen aus (vgl. Riepl-Schmidt 2016: 275–283) und verteidigte im Roman *Die Ehelosen*[184] den Eheverzicht (vgl. Goetzinger 1997: 23 & Kapitel 5.4.2.2). Allerdings war Caroline, so Riepl-Schmidt, öffentlichkeitswirksamer als die „streng wirkende" Therese, die bald wieder in Vergessenheit geriet. So wurde Caroline eine „Identifikationsfigur" für eine jüngere Generation von Frauen und hatte ein neues Frauenbild geschaffen, das auf der Ebenbürtigkeit zwischen Mann und Frau basierte (vgl. Riepl-Schmidt 2016: 213f.). Auch Dorothea hatte den emanzipierten Schritt der Scheidung für die Liebe gewagt. In ihrer Beziehung zu Friedrich allerdings fügte sie sich der patriarchalischen Tradition und lebte gemäß den Erwartungen an sie als Frau. „Es können Frauen durch die unvernünftige Herrschaft der Männer unglücklich sein; ohne diese Herrschaft sind sie aber auf immer verloren und das ohne alle Ausnahme", schrieb Dorothea in ihrem Tagebuch (zit. nach Raich 1881: 263). Sie hinterfragte zwar die Übermacht der Männer über das weibliche Geschlecht, doch stellte sie nicht den Anspruch der Ebenbürtigkeit, denn, dass der Mann der „Herr" der Frau sein soll, war für sie nicht nur „Moralgesetz, sondern Naturgesetz" (zit. nach Raich 1881: 263). Die zwanzig Jahre jüngere Wilhelmina war u. a. bezüglich der Wahrnehmung und des Auslebens ihrer Weiblichkeit eine Ausnahme. Im Haushalt ihrer Großmutter und Mutter lernte sie schon früh ihren Wert. Sie blieb sich und ihrer relativen Selbstständigkeit durch beide Ehen hindurch treu und lebte ein emanzipiertes, unabhängiges Leben, obwohl sie auf dem Papier verheiratet blieb.

184 Huber, Therese (1829). *Die Ehelosen*. 2 Bände. Leipzig: F. A. Brockhaus.

5.5.2 Berufstätige Witwe – Therese Heyne Forster Huber

Am 24. Dezember 1804 starb Ludwig Ferdinand Huber an Tuberkulose (vgl. Kleßmann 2008: 257). Der Tod ihres Ehemanns, literarischen Partners und Geistesverwandten traf Therese Heyne Forster Huber schwer:

> [...] ich bin Wittwe. Heute früh um 3 Uhr starb mein geliebter Mann. Kannst Du das faßen? Er litt 3 Wochen, die letzten nicht – Ich athme frei nun er dem Leiden entrißen ist, aber mein Dasein ist zerstört. Kannst Du das faßen? Ich bin Wittwe. Das Wesen mit dem ich 16 Jahre jedes Gefühl jeden Gedanken theilte, alles genoß – mit dem ich dachte, dichtete, laß, schrieb, mit dem ich das Schicksal bekämpfte, mit dem ich sorgte – sieh jetzt ist meine Vergangenheit im Grabe – nun muß ich für meine Kinder Brot erwerben, ich lebe in ihnen, ich erziehe sie zur Ehre des besten Vaters.[185] (zit. nach Hahn & Fischer 1993: 30)

Für sie begann ein neues Leben. Mit ihren zwei jüngsten Kindern, Luise und Victor Aimé zog sie zu ihrer zweitältesten Tochter Klara und deren Ehemann nach Stoffenried und später nach Günzburg. Dank einer Pension vom bayrischen Kurfürstentum war Therese nicht mittellos, allerdings auch nicht wohlhabend (vgl. Kleßmann 2008: 258). Zudem blieb die Pension in diesen kriegerischen Zeiten öfters aus (vgl. Hahn & Fischer 1993: 36), und Therese sah sich gezwungen, weiterhin schriftstellerisch tätig zu sein (vgl. Riepl-Schmidt 2016: 106), um ihre Familie durchzubringen und ihrem Sohn eine angemessene Ausbildung zukommen lassen zu können[186] (vgl. Hahn & Fischer 1993: 52). In den eher ruhigen Günzburger Jahren schrieb Therese viele Briefe, kümmerte sich um die Erziehung ihrer Kinder und arbeitete ihre Ehen auf. Hahn und Fischer beschreiben diese Zeit als Jahre der „Sinnsuche

---

185 Therese Heyne Forster Huber an Friedrich Wilhelm Meyer, 24. Dezember 1804.

186 Ihre Töchter erzog Therese selbst, doch sie war überzeugt davon, dass „ein Weib keinen Knaben er<ziehen> [könne]" (zit. nach Kewitz 2004: 59). Teilweise ließ sie ihr Honorar direkt nach Göttingen schicken (vgl. Kewitz 2004: 35 & 79), wo ihr Sohn Victor Aimé, nachdem er zunächst auf einem Internat in der Schweiz gewesen war (vgl. Hahn & Fischer 1993: 36), in den Jahren 1816 bis 1820 zur Ausbildung war (vgl. Kewitz 2004: 79).

und Neuorientierung“ (1993: 34). Therese selbst nahm sich als „Einsiedlerin“ wahr und fand, wie auch schon zu Beginn ihres Erwachsenenlebens in Wilna, Zuflucht in Büchern (vgl. Hahn & Fischer 1993: 32). Sie veröffentlichte anonym eine Werksammlung und Biografie Ludwig Ferdinand Hubers (1806)[187] und 1829 gab sie die Briefe Georg Forsters unter dem Kürzel „Th. H., geb. H“ heraus.[188] 1816 zog Therese mit ihrer Tochter Luise nach Stuttgart. Dort wurde sie Redakteurin des *Kunstblatts* (1816–1849), einer Beilage zu Johann Friedrich Cottas *Morgenblatt für gebildete Stände* (1807–1865), für das sie seit 1807 Beiträge geliefert hatte. Stuttgart gefiel ihr ohne Ludwig weniger (vgl. Hahn & Fischer 1993: 38f.). Allerdings fand sie hier zum ersten Mal öffentliche Anerkennung aufgrund ihrer Leistungen und nicht durch den Nachnamen ihrer Männer (vgl. Hahn & Fischer 1993: 49). Sie war eine angesehene Bürgerin und bekannte Schriftstellerin, hielt mit dem befreundeten Paar Hartmann Lesezirkel ab und hatte sogar Zugang zum Hof (vgl. Hahn & Fischer 1993: 41 & Riepl-Schmidt 2016: 291f.). Diese zweiten Stuttgarter Jahre (1816–1823) waren wohl ihre produktivste Zeit. Sie berichtete davon, jeden Tag sieben Stunden zu arbeiten (vgl. Hahn & Fischer 1993: 37 & 42). 1817 wurde sie poetische Beirätin beim *Morgenblatt*. Bald sah Johann Friedrich Cotta in Therese die Gelegenheit, sich von seinem Redakteur Haug zu trennen, mit dem es immer wieder zu Schwierigkeiten gekommen war (vgl. Hahn & Fischer 1993: 70–74). Als Haug kündigte – ein großer Sieg für Therese (vgl. Hahn & Fischer 1993: 74–76) –, übernahm sie 1818 die Redaktion des *Morgenblatts*, allerdings im Gegensatz zu ihren männlichen Kollegen ohne Vertrag (vgl. Hahn & Fischer 1993: 82). Therese wurde nicht zuletzt wegen ihrer reichen Lebenserfahrung, ihrer Belesenheit und ihrer zahlreichen Kontakte Redakteurin (vgl. Hahn & Fischer 1993: 71f.). In der Gesellschaft wurde ihre Arbeit allerdings als „frauenzimmerliche Redaktion“ (zit. nach Hahn & Fischer 1993: 76) – die erste ihrer

187 Huber, Therese (anonym) (1806). *L. F. Huber's sämtliche Werke seit dem Jahre 1802: nebst seiner Biographie*. Tübingen: Cotta.

188 Huber, Therese (1829). *Johann Georg Forster's Briefwechsel. Nebst einigen Nachrichten von seinem Leben*. Leipzig: F. A. Brockhaus. – Therese wird vorgeworfen, die Korrespondenz Forsters, insbesondere bezüglich ihres Ehebruchs mit Huber, manipuliert zu haben, um ihren Ruf zu wahren und sich selbst in ein besseres Licht zu rücken (vgl. Riepl-Schmidt 2016: 48 & 131 & Uhlig 2004: 345).

Art (vgl. Hahn 1998: 103) – abgetan und kritisiert, und die Zusammenarbeit mit dem aufdringlichen Cotta (vgl. Hahn & Fischer 1993: 70 & 76 & Kewitz 2004: 9) und den anderen (hauptsächlich männlichen) Kolleg:innen des literarischen Betriebs war schwierig.[189] Cotta hatte mit Therese eine gesellschaftlich riskante, aber gute Wahl getroffen. Thereses Erfolg als Redakteurin zeigte sich nicht zuletzt im Anstieg der Auflage.[190] Ein weiterer Verdienst Thereses war die Internationalisierung des *Morgenblatts* (vgl. Kleßmann 2008: 312). Im Oktober 1823 zog Therese für die geplante Verlegung der Redaktion nach Augsburg. Ein Missverständnis oder eine bewusste Täuschung führte dazu, dass Therese die Redaktion bald widerwillig abgeben musste.[191] Mit zunehmendem Alter, wachsender Erfahrung und steigendem Bekanntheitsgrad jedoch hatte sie an Selbstbewusstsein gewonnen. So trat sie letztendlich bei einer Honorarstreitigkeit mit Cotta 1826/27 für ihre Sache ein (vgl. Hahn & Fischer: 79f.). Sie konnte sich jedoch nicht durchsetzen. In ihren letzten Lebensjahren wurde sie von ihren Töchtern unterstützt (vgl. Becker-Cantarino 2000: 94), insbesondere von ihrer ältesten Tochter, Therese, die sich ab 1826 in Augsburg um die Mutter kümmerte (vgl. Riepl-Schmidt 2016: 61). In ihrer letzten Heimat fühlte sich die Literatin jedoch nicht wohl, nicht zuletzt weil die Augsburger Gesellschaft

189 Johann Friedrich Cotta erhielt öfters Klagen über Therese. Einerseits wegen extremer Eingriffe in Texte – Therese war berüchtigt für ihre „Gründlichkeit" beim Lektorat – und andererseits weil Therese eine Frau war (vgl. Hahn & Fischer 1993: 80).

190 Im Gründungsjahr 1807 hatte das *Morgenblatt* eine Auflage von 1.100 Stück, diese stieg bis zu Thereses Übernahme 1818 nur auf etwa 1.450 Stück. Im Laufe ihrer Redaktion stieg die Auflage auf 1.800 Stück, was etwa 15.000 Leser:innen entsprach, da Zeitungen meist mit mehreren Haushalten geteilt wurden. Nachdem Therese 1823/1826 die Redaktion abgeben musste, sank die Auflage wieder auf 1.600 Stück (vgl. Hahn & Fischer 1993: 69).

191 1823 zog Therese auf Geheiß Cottas nach Augsburg, weil geplant war, die Redaktion dorthin zu verlegen. Dies fand jedoch nie statt. Stattdessen wurde Therese ohne offizielle Kündigung aus der Redaktion ausgeschlossen und Johann Friedrich Cotta und sein Sohn übernahmen zuerst die Redaktion, bis sie 1827 an Wilhelm Hauff übergeben wurde. Schon zuvor war es zwischen Therese und einem neuen Mitarbeiter, Adolf Müller, der die Beilagen der Zeitung übernahm und trotz geringerer Verantwortung ein höheres Gehalt bezog und sich feindselig gegenüber Therese äußerte, zu Konflikten gekommen. Der überraschende Ausschluss aus der Redaktion war ein sehr erniedrigendes Erlebnis für Therese. 1828 kam es zum letztendlichen Bruch zwischen Johann Friedrich Cotta und Therese, die 30 Jahre lang eine beinah familiäre Freundschaft gepflegt hatten (vgl. Hahn & Fischer 1993: 5, 77 & 80–84 & Kleßmann 2008: 312f.).

ihr nicht die erwünschte Anerkennung entgegenbrachte. Sie starb am 15. Juni 1829 (vgl. Hahn & Fischer 1993: 50 & Kewitz 2004: 65).

Selbst nach Ludwigs Tod hatte sich Therese noch hinter seinem Namen verborgen. Sie veröffentlichte einige Zeit unter „Aus dem Nachlaß von L. F. Huber" (vgl. Hahn 1998: 113). Informiert waren nur Freunde und die Familie (vgl. Becker-Cantarino 2000: 86). 1811 veröffentlichte sie die Reisebeschreibung *Bemerkungen über Neu-Holland*[192] und trat zum ersten Mal als „Therese H." in die Öffentlichkeit (vgl. Hahn 1998: 113). Der Tod ihres Vaters (1809), der ihr Schreiben nie gutgeheißen hatte, sowie ihre veränderten Lebensumstände hatten dazu geführt, dass sie sich langsam aus dem Schatten traute. Sie definierte sich jetzt als „greißende Matrone" (zit. nach Hahn & Fischer 1993: 53), deren Pflichten als Ehefrau seit dem Tod ihres Mannes weggefallen waren und deren mütterliche Aufgaben immer geringer wurden bzw. in erster Linie finanzieller Natur waren. Ihr konnte, so argumentierte sie, nicht mehr die Vernachlässigung ihrer Pflichten vorgeworfen werden, da sie keine mehr hatte. Daher fühlte sie sich nun wohler, unter ihrem eigenen Namen zu veröffentlichen (vgl. Hahn & Fischer 1993: 53f.). Nichtsdestotrotz wurde sie für ihre literarische Tätigkeit kritisiert, vor allem von männlichen Konkurrenten, insbesondere im Zuge ihrer Arbeit als Redakteurin des *Morgenblatts* (vgl. Hahn 1998: 115 & Riepl-Schmidt 2016: 140f.).[193]

Ihre Arbeit als Redakteurin für Johann Friedrich Cotta umfasste unter das Anfordern und Lektorieren von Manuskripten, die Korrespondenz mit Beiträger:innen und das Füllen etwaiger Lücken. Sie verrichtete die Arbeit selbstbewusst, ganz ohne männlichen Schutzschild, auch wenn sie sich zu Beginn noch (fruchtlos) bemühte, ihre Beteiligung anonym zu halten (vgl. Heuser 2013: 168 & Hahn & Fischer 1993: 5f.). Viele der Beiträge, die Therese während ihrer Redaktionszeit für das Morgenblatt verfasste, waren Übersetzungen. Zwischen 1807 und 1827 erschienen über 400 Übersetzungen Thereses.[194]

192 H(uber), Therese (1811). *Bemerkungen über Holland aus dem Reisejournal einer deutschen Frau*. Leipzig: Fleischer.

193 Der schwedische Dichter Per Daniel Amadeus Atterbom etwa beschreibt Therese Huber als eine „nicht dumm[e], aber ganz und gar fanzösisiert[e] Pulverhexe" (zit. nach Riepl-Schmidt 2016: 140). Andere verweigerten sich der Korrekturen Thereses (vgl. Hahn 1998: 115).

194 Einige davon waren Fortsetzungsbeiträge, die über mehrere Hefte erschienen.

Die intensivste Produktion lag zwischen 1817 und 1819. Nachdem sie aus der Redaktion ausgeschlossen worden war, war ein deutlicher Rückgang der Beiträge zu verzeichnen (vgl. Riepl-Schmidt 2016: 329–534).[195] Therese übersetzte meist eigenständig[196] aus dem Englischen und Französischen. Vor allem die thematische Vielfalt der von ihr verfassten Beiträge beeindruckt. Sie übersetzte literarische Texte sowie Ausschnitte fremdsprachiger Journale und Fachtexte. Beim Übersetzen nutzte sie teilweise Fachwörterbücher und zog Bekannte zu Rat (vgl. Heuser 2013: 170). Sie setzte verschiedene Übersetzungsstrategien gezielt ein und konnte ihre Entscheidungen rechtfertigen (vgl. Heuser 2013: 163, 166 & 170). Häufig kürzte und lokalisierte sie das Ausgangsmaterial (vgl. Heuser 2013: 164f.).[197]

Therese zog das „freie", d. h. zieltextorientierte Übersetzen vor und berichtete: „Ich mögte das [freie Übersetzen] oft [...]. Ich sitze dabey mitten zwischen den Seelen der beyden Nationen"[198] (zit. nach Heuser 2013: 165). Die ausgangtextorientierte Übersetzung hingegen brachte sie manchmal fast zur Verzweiflung (vgl. Heuser 2013: 166). 1825/26 übersetzte sie die mehrbändigen *Memoiren*[199] der Comtesse Stéphanie-Félicité de Genlis für Johann Friedrich Cotta. Laut Kleßmann erhielt sie für diese Übersetzung zwei Jahre lang ihr Gehalt als Redakteurin weiterbezahlt, obwohl Johann Friedrich die Redaktion schon übernommen hatte (vgl. 2008: 312). Er wünschte eine „wörtliche" Übersetzung und Therese übersetzte sich an dem Werk der ihr verhassten

---

195 Nach dem Ausschluss aus der Redaktion bis zum letztendlichen Bruch mit Cotta 1828 lieferte Therese weiterhin Beiträge für das Morgenblatt. Im Zeitraum von 1826 bis 1828 etwa 40 Beiträge, von denen etwa die Hälfte Übersetzungen waren (vgl. Riepl-Schmidt 2016: 508–531).

196 Nur in den Jahren 1818 und 1819 entstanden zwei Übersetzungen in Zusammenarbeit, und zwar mit Johann Friedrich Cotta (vgl. Riepl-Schmidt 2016: 398 & 402).

197 Bei *Ellen Percy oder Erziehung durch Schicksale* (Brunton, Mary/Huber, Therese (1822). *Ellen Percy oder Erziehung durch Schicksale.* 2 Bände. Leipzig: F. A. Brockhaus) kürzte Therese das Ausgangsmaterial um etwa die Hälfte und legte den Fokus auf das Thema der Selbstdisziplin (vgl. Heuser 2013: 164).

198 Therese Heyne Forster Huber an Friederike Kerner, 3. Juli 1823.

199 Genlis, Stéphanie-Félicité de/Huber, Therese (1825f.). *Denkwürdigkeiten der Gräfin von Genlis. Ueber das achtzehnte Jahrhundert und die französische Revolution. Seit 1766 bis auf unsere Tage.* 8 Bände. Stuttgart: Cotta.

Comtesse „halb Todt“[200] (zit. nach Heuser 2013: 166). Bei dieser Übersetzung zeigte sich auch Thereses Gründlichkeit (oder Neugierde) als Übersetzerin. 1825 forschte sie bei ihrer Kollegin, Wilhelmina von Chézy, die einst die Gesellschafterin der Comtesse de Genlis war, nach: „Ich habe die alberne Aufgabe die *Memoiren* der *Genlis* zu übersetzen [...] Sehr vieles Interesse würde es für mich haben wenn Sie Zeit hätten ein paar Worte über Ihre [Wilhelmina] Ansicht von dieser Frau zu meinem privat Unterricht aufs Papier zu werfen. Ich habe ihre Werke nie hochgeachtet, ihre politische Laufbahn gehasst – aber diese Memoiren setzen sie in das verächtlichste Licht“[201] (Kewitz 2004: 65). Selbst bei ausgangstextorientierteren Übersetzungen verschob Therese Akzente, zum Beispiel um Texte sittlicher zu machen (vgl. Heuser 2013: 164), und fügte teilweise kritische Kommentare ein (vgl. Heuser 2013: 170f.). Laut eigener Aussage übersetzte Therese neben kürzeren Beiträgen bis 1815 zehn Werke (vgl. Heuser & Wulbusch 2005: 531) und allein nach 1820 kamen noch mindestens vier weitere (teilweise mehrbändige) Werke hinzu (vgl. Heuser 2013: 165f.).

Als Witwe sah sich Therese gezwungen, alleine zurechtzukommen. Dank ihrer Erfahrungen im literarischen Bereich, die sie während ihrer Ehen hatte sammeln können, wurde ihr dies in Johann Friedrich Cottas Redaktion ermöglicht. Eine partnerschaftliche (übersetzerische) Zusammenarbeit wie mit Georg oder Ludwig erlebt sie in diesen Jahren nicht mehr. Sie arbeitete als „professionelle“, „vielbeschäftigte“ Übersetzerin (nach Knufmann 1967: 2681f. & nach Bachleitner 1989: 15f.). Allerdings war Therese nicht nur finanziell zur übersetzerischen und journalistischen Tätigkeit motiviert. Mit dem *Morgenblatt* verfolgte sie darüber hinaus vielmehr das Ziel, andere Kulturen zu vermitteln und ein „auf Internationalität ausgerichtet[es] Lesepublikum“ zu schulen (Heuser 2013: 171).

Therese war im Witwenstand also eindeutig mehr als eine Gelegenheitsübersetzerin und hatte es geschafft, auch unabhängig von ihren Ehemännern weiter zu arbeiten. Sie widersetzte sich dem restriktiven Frauenbild der Zeit – ohne es infrage zu stellen – und half insbesondere in ihrer Rolle als Redakteurin des *Morgenblatts* auch einigen ihrer Zeitgenossinnen im Literaturbetrieb Fuß

200 Therese Heyne Forster Huber an Karl Friedrich Emich von Üxküll, 26. Mai 1825.

201 Therese Heyne Forster Huber an Wilhelmina Klencke Hastfer von Chézy, 25. September 1825.

zu fassen[202] (vgl. Heuser 2013: 169). Doch während das Schreiben als Beruf – nach Thereses Argumentation – für Frauen, die sonst keinen anderen Ausweg hatten, vertretbar war, sollte das Schreiben als Berufung Männern vorbehalten bleiben. Ihr Leben lang inszenierte sie sich als bescheidene „Brotarbeiterin", um dem Frauenideal zu entsprechen. Manche Zeitgenoss:innen stießen sich an ihrer gespielten „Weiblichkeit", wie etwa Rahel Varnhagen von Ense (geb. Levin), die Thereses Gesuche „in allen weiblichen Titeln [...], um diesen Zweck [Erfüllung des Frauenbilds] zu erreichen",[203] (zit. nach Riepl-Schmidt 2016: 208) kritisierte. Mascha Riepl-Schmidt sieht in Thereses Bescheidenheitsstrategie, also der Selbstinszenierung als idealtypische Frau, den Versuch, als Vorbild gelten zu können (vgl. 2016: 288f.). Durch ihr „verträgliches" Überschreiten weiblicher Grenzen, als Schriftstellerin, Übersetzerin und primär als Redakteurin, öffneten sich für ihre Geschlechtsgenossinnen neue Möglichkeiten in der Berufswelt und in der Gesellschaft.

In der Forschung wurde Therese wegen ihres Geschlechts und wegen ihrer politischen Vergangenheit als Jakobinerin zunächst ignoriert (vgl. Riepl-Schmidt 2016: 128ff.). Später fand sie nur im Schatten ihrer Ehemänner Beachtung (vgl. Riepl-Schmidt 2016: 147) und erst im Zuge genderorientierter Forschung wurde sie als „emanzipatorische" Vorläuferin im Feld der Mädchenerziehung und der weiblichen Berufstätigkeit und wichtige Akteurin des literarischen Feldes bekannt (vgl. Riepl-Schmidt 2016: 174–190).

5.5.3 Die Witwe im Familienkreis – Dorothea (Brendel) Mendelssohn Veit Schlegel

Einige Monate nach dem Tod Friedrichs bezog Dorothea eine kleine Pension vom österreichischen Kaiser (vgl. Lebensaft 1999: 178) und ihre Brüder sowie

202 Schon vor Thereses Zeit in der Redaktion gab es einige Frauen, die dem *Morgenblatt* Beiträge lieferten. Therese führte dies weiter (vgl. Riepl-Schmidt 2016: 109). Sie zeigte sich ihren Freundinnen und weiblichen Kolleginnen gegenüber solidarisch und vermittelte Kontakte, leitete Material, welches sie nicht im *Morgenblatt* unterbringen konnte, weiter, stellte Bekannte als Korrespondentinnen an und gab jüngeren Kolleginnen Ratschläge (vgl. Kewitz 2004: 20; Kleßmann 2008: 320 & Heuser 2013: 169).

203 Rahel Varnhagen von Ense an Wilhelm von Humboldt, 28. Juni 1809.

ihre Söhne unterstützten sie finanziell (vgl. Stern 1990: 304f.). Dorothea zog sich in die Gesellschaft ihrer Familie zurück. Sie lebte in Frankfurt bei ihrem Sohn Philip und genoss ihre letzten Jahre als biedermeierliche Großmutter (vgl. Stern 1990: 305). Sie sortierte die Briefe Friedrichs, doch den Nachlass übergab sie dann an Prof. Windischmann zur weiteren Handhabung (vgl. Stern 1990: 294f.). In Frankfurt pflegte sie eine Freundschaft mit Clemens Brentano (1778–1842) und wurde von ihren Bekannten aus Pariser Zeiten, unter anderem von Wilhelmina, besucht (vgl. Stern 302f.). Den neuen literarischen Strom des „jungen Deutschlands" empfand Dorothea als „widerwärtige Nachäfferei der Franzosen" (zit. nach Stern 1990: 301) und die Neuerscheinungen dieser „Buben" interessierten die ehemalige Literatin nicht. Sie hatte sich aus dem literarischen Betrieb zurückgezogen und ihre Lektüre beschränkte sich nun hauptsächlich auf Zeitungen und katholische Schriften (vgl. Stern 1990: 301f.). Sie starb am 3. August 1839 (vgl. Stern 1990: 307).

5.5.4 Einvernehmliche Trennung – Wilhelmina Klencke Hastfer von Chézy

Die Rückkehr nach Deutschland 1810 veränderte Wilhelminas schriftstellerische Tätigkeit (vgl. Kambas 1996/2012: 262). Anstatt aus Frankreich zu berichten, wandte sich Wilhelmina nun anderen Themen zu. Sie schrieb: „Ich hatte nichts als die Poesie" (Chézy 1858b: 12). Die nächsten sieben Jahre lebte sie als alleinerziehende Mutter ein unstetes Leben. Die Familie lebte unter anderem in Heidelberg, Frankfurt am Main, Aschaffenburg, Darmstadt, Amorbach, Köln, Namur, Berlin und im Rheinland (vgl. Martini 1957). 1817 zog Wilhelmina mit ihren Söhnen nach Dresden, wo sie sich wieder wohler fühlte und Freunde fand (vgl. Kewitz 2004: 56). Doch ihre eigene Gesundheit, die sie immer wieder von der Arbeit abhielt (vgl. Kewitz 2004: 57), und die ihrer Söhne zwangen sie zum Umzug. Ab 1823 zog sie abwechselnd zwischen Baden bei Wien und der Stadt Wien hin und her (vgl. Weber-Gesamtausgabe.de). Ihre finanzielle Situation wurde zunehmend schlechter. Um ihre Söhne und ab 1821 auch ihren Vater (vgl. Kewitz 2004: 49) zu unterstützen, musste sie die monatlichen Zahlungen von Antoine-Léonard von Chézy (vgl. Kewitz 2004: 18) mit literarischer Tätigkeit aufbessern. Nachdem ihre Söhne 1828 und 1829 für ihre Ausbildung nach Paris und München zogen, verließ auch Wilhelmina ein Jahr später Wien. Sie lebte in München, dann in Genf und 1832 nach dem Tod Antoine-Léonards in Paris, wo sie drei Jahre blieb, um sich eine Pension zu erstreiten. Über Karl August Varnhagen von Ense und Wilhelm von Humboldt erhielt sie zudem eine kleine Pension von Friedrich Wilhelm IV. (vgl. Kambas 1996/2012: 250). Die nächsten zwanzig Jahre zog sie weiter umher. Sie lebte in Karlsruhe, München und erneut in Heidelberg, bis sie sich 1853 in Genf mit ihrer Verwandten Bertha C. Borngräber, die ihr beim Schreiben und im Haushalt half, niederließ (vgl. Weber-Gesamtausgabe.de). Dort starb Wilhelmina halb erblindet 1856. Bertha Borngräber verwaltete ihren Nachlass (vgl. Kambas 1996/2012: 256).

Wilhelmina verfasste viele eigenständige Werke, darunter Prosa, Lyrik und Zeitungsbeiträge. Nachdem sie schon 1816 ohne Erfolg versucht hatte, ihre Werke gesammelt zu veröffentlichen, bemühte sie sich 1836 erneut erfolglos um eine Gesamtausgabe (vgl. Kambas 1996/2012: 250). Sie arbeitete an Buchprojekten, die teilweise unvollendet blieben – wie etwa *Bettinen gehört dies Buch!*[204] in Anspielung auf ein kürzlich erschienenes Werk von Bettina von Arnim. 1820 gaben sie und Fanny Tarnow die Zeitschrift *Iduna. Schriften deutscher Frauen gewidmet den Frauen* heraus. Mit Fanny kam es zum Streit, und so endete dieses Projekt kurz darauf wieder (vgl. Kewitz 2004: 28–35). Ab etwa 1818 bis etwa 1820, während Therese Heyne Forster Huber die Redaktion innehatte, lieferte Wilhelmina Beiträge ans *Morgenblatt*. Therese versuchte, ihrer jungen Kollegin Wilhelmina die Bescheidenheitsstrategie näherzubringen (vgl. Kewitz 2004: 18). 1821 gratulierte sie Wilhelmina ermutigend dafür, „daß Sie [Wilhelmina] sich wieder mehr unter die Ordnung unseres Geschlechts beugen“[205] (Kewitz 2004: 60), und vier Jahre später schrieb Therese einer Freundin: „Ich versuche immer sie [Wilhelmina] zu einer weiblichen Haltung, einen ordentlichen Haus und Heerd zu bringen“[206] (zit. nach Kewitz 2004: 18). Wilhelmina, die das Schreiben als Ablenkung und Trost empfand (vgl. Kewitz 2004: 19& 39), wollte allerdings als Schriftstellerin ernst

204 Chézy, Wilhelmina von (1842/44). *Bettinen gehört dies Buch! Die Günderode an Bettina* (unvollendetes Buchprojekt).

205 Therese Heyne Forster Huber an Wilhelmina Klencke Hastfer von Chézy, 9. November 1821.

206 Therese Heyne Forster Huber an Caroline Pichler, 11. Dezember 1825.

genommen werden und nicht ihre Leistungen kleinreden und vertuschen. Die Schuld für ihre „unweibliche" Lebensweise sah sie bei der eigenen Mutter, die „nicht wohl [tat], mich [Wilhelmina] [von „unweiblichen" Neigungen] wegzureißen"[207] (Kewitz 2004: 57). Sie bediente sich nicht bzw. nur selten der Bescheidenheitsstrategie und verließ die „Sphäre der Weiblichkeit" (Chézy 1818: 98) bewusst. Entgegen der eigenen Praxis riet sie anderen Frauen jedoch „verborgen, demüthig und anspruchslos" zu sein, denn „[a]lles Andere gereicht zum Verderben!" (Chézy 1818: 98). In ihrer Wiener Zeit ab 1823 verfasste sie mehrere dramatische Werke, die jedoch erfolglos blieben, und in ihren letzten Lebensjahren diktierte Wilhelmina ihrer Anverwandten Bertha C. Borngräber ihre Autobiografie *Unvergessenes*, welche 1858 posthum erschien (vgl. Martini 1957 & Weber-Gesamtausgabe.de).

Wilhelmina griff in ihrer literarischen Tätigkeit wiederholt auf fremdsprachige Vorlagen zurück, wie etwa 1814/15 bei dem Schauspiel *Die Silberlocke im Briefe,*[208] welches auf einem Werk Pedro Calderón de la Barcas, den die Romantiker:innen wiederentdeckt hatten, basiert. Diese Übersetzung wurde im *Gesellschaftsblatt für gebildete Stände* positiv rezensiert. Die Besprechung legte Wilhelminas Übersetzungspraxis offen, denn es wird beschrieben, dass „[die Übersetzung] ganz im Geiste des Originals verfaßt [sei]; jedoch mit Weglassung mancher schwülstigen Metapher, für die der Teusche keinen Sinn hat, und die die hohen Schönheiten in Calderons Werken oft wirklich verdunkeln" (Sendtner 1814: 696). Das Streichen von „verdunkelnden" Stellen war im Bereich der Unterhaltungsliteratur Anfang des 19. Jahrhunderts eine übliche Strategie (siehe Kapitel 4.1 und 4.2.1) und entsprach dem Ziel einer leser:innenfreundlichen, d. h. zielkulturorientierten Übersetzung. Weiterhin wurde Wilhelminas „Versifikation" gelobt. Sie sei „leicht und harmonisch" und „[gereiche] der berühmten Verfasserin nicht wenig zur Ehre" (Sendtner 1814: 696). In den 1820er Jahren beschäftigte sich Wilhelmina erneut mit dem

207 Wilhelmina Klencke Hastfer von Chézy an Therese Heyne Forster Huber, 8. September 1821.

208 Calderón de la Barca, Pedro/Chézy, Wilhelmina von (1815). „Die Silberlocke im Briefe". In: *Urania: Taschenbuch auf das Jahr 1815*. Leipzig: F. A. Brockhaus.

spanischen Autor Calderón. Sie „[feilte] eine Quintessenz [aus]“[209] (Kewitz 2004: 52) dem Stück *El galán Fantasma,*[210] das ihrem Gefühl nach „nicht ganz genießbar, doch [schönheitsreich]“ (ebd.) sei. Ausschnitte dieses Stücks waren schon 1817 als Übersetzung von Wilhelmina in der Zeitschrift *Der Gesellschafter oder Blätter für Geist und Herz* erschienen. 1821 schrieb Wilhelmina, die Übersetzung solle nun in Ferdinand von Biedenfelds Zeitung *Feierstunden* erscheinen (vgl. Kewitz 2004: 52 & 87). 1822 überarbeitete sie das Stück und verkaufte es für ein „nobles“ Honorar an den Generalintendanten der königlichen Schauspiele und Museen in Berlin, Graf Karl von Brühl (vgl. Kewitz 2004: 61 & 92). Im Jahr 1817/18 gab Wilhelmina zudem *Altschottische Romanzen, auf Deutsch mit Volksweisen*[211] heraus. Diese Übersetzung entstand in Zusammenarbeit mit einem Herrn W. Müller (vgl. Hub 1849: 327). 1821 berichtete Wilhelmina Therese Huber, sie habe eine auf italienischen Volkssagen begründete Erzählung an einen Herrn Wendt verkauft (vgl. Kewitz 2004: 51f.). Hierbei handelte es sich vermutlich um die Erzählung *Die Zeit ist hin, wo Bertha spann!,*[212] die 1822 im *Taschenbuch zum geselligen Vergnügen* erschien. Ohne den Ausgangstext zu kennen, ist nicht eindeutig zu klären, ob es sich wirklich um eine Übersetzung handelt. Es ist zu vermuten, dass es sich auch hierbei um eine zielkulturorientierte Übersetzung des italienischen Ausgangstextes handelt.

Ab 1823 sind keine Übersetzungen von Wilhelmina bekannt, vielleicht weil sie sich in den Wiener Jahren auf die dramatische Literatur konzentrierte und weniger übersetzerische „Gelegenheitsarbeit“ des Geldes wegen übernahm. Im Witwenstand ging ihre literarische Produktion im Allgemeinen zurück. Es liegt nahe, dass es für Wilhelmina, seitdem ihre Söhne nicht mehr mit ihr

---

209 Wilhelmina Klencke Hastfer von Chézy an Therese Heyne Forster Huber, zwischen 1. und 24. Juni 1821.

210 Calderón de la Barca, Pedro/Chézy, Wilhelmina von (1817/21/22). *Scenen aus Calerons Schauspiel ‚El Galan Fantasma‘ oder Geliebte als Gespenst.*

211 Chézy, Wilhelmina von & Müller, W. (1817/18). „Altschottische Romanzen, auf deutsch mit Volksweisen“. In: *Aurikeln. Eine Blumengabe von deutschen Händen.* Berlin: Duncker und Humblot.

212 Chézy, Wilhelmina von (1822). „Die Zeit ist hin, wo Bertha spann!“. In: *Taschenbuch zum geselligen Vergnügen.* Leipzig: Gleditsch, 219–270.

lebten und vermutlich für ihren eigenen Unterhalt aufkamen und Wilhelmina selbst möglicherweise dank der Pension aus Frankreich ein höheres Grundeinkommen hatte, nicht mehr notwendig war, für Geld zu schreiben und zu übersetzen.

Bei Wilhelminas schriftstellerischer Arbeit ist wohl eine schaffende Motivation zu vermuten. Ihre übersetzerische Tätigkeit allerdings schien doch eher aus finanzieller Notwendigkeit geboren gewesen zu sein. Seit ihrer Zeit in Paris, als sie begann journalistisch und übersetzerisch tätig zu sein, war Wilhelmina eine „professionelle", „vielbeschäftigte" Übersetzerin (nach Knufmann 1967: 2681f. & Bachleitner 1989: 15f.). Sie hatte schon als junge Frau einige Jahre auf sich allein gestellt verbracht. Damals konnte und musste sie sich hinter Friedrich Schlegels Namen verbergen. In dieser späteren Lebensphase ohne Ehemann an ihrer Seite stützte sie sich nicht mehr auf einen Mann, sondern schrieb und übersetzte meist eigenständig. Sie nutzte ihr eigenes Netzwerk und das Netzwerk anderer Frauen (nicht zuletzt das von Großmutter und Mutter) und kämpfte ihr Leben lang selbst dafür, veröffentlicht und bezahlt zu werden (vgl. Hundt 1997b: 66).

6 Conclusio: Die übersetzerische Tätigkeit der Übersetzerinnen und ihre partnerschaftliche Zusammenarbeit

Das gemeinsame Übersetzen war, wie in Kapitel 4.6 gezeigt wurde, in vielen Epochen üblich, kann verschiedene Formen annehmen und den involvierten Akteur:innen verschiedene Vor- und Nachteile bieten. Für diese Untersuchung besonders relevant ist die „companion collaborative translation" (partnerschaftliche übersetzerische Zusammenarbeit) nach Joanna Trzeciak Huss (vgl. 2018: 451–454). Nach detaillierter Betrachtung der übersetzerischen Tätigkeit der Übersetzerinnen und ihrer Biografien konnte, wie zu Beginn der Recherchearbeit vermutet, bestätigt werden, dass drei der vier Frauen intensiv mit ihren übersetzenden Ehemännern an Übersetzungsprojekten arbeiteten (partnerschaftliche übersetzerische Zusammenarbeit). Wilhelmina Klencke Hastfer von Chézy, die jüngste der untersuchten Übersetzerinnen, stellt nicht zuletzt vermutlich aufgrund ihrer Erziehung und des daraus gewonnenen Selbstbewusstseins eine Ausnahme in diesem Bereich dar, doch auch sie arbeitet mit Übersetzer:innen gemeinsam an Projekten („collaborative translation").

Caroline Michaelis Böhmer Schlegel Schelling hatte aus Notwendigkeit begonnen zu übersetzen, und tat dies ihr Leben lang gemeinsam mit Männern und hinter dem Schutzschild der Anonymität oder männlicher Namen. Carolines erste übersetzerische Zusammenarbeit war eine Art „Angestelltenverhältnis" in Georg Forsters Übersetzungsfabrik. Es war eine beidseitig vorteilhafte Zusammenarbeit, die Caroline ein relativ emanzipiertes, unabhängiges Leben ermöglichte. Die darauffolgende Ehe mit August Wilhelm Schlegel beeinflusste Carolines übersetzerische Tätigkeit maßgeblich. Sie übersetzte mehr und eigenverantwortlich. Diese partnerschaftliche (übersetzerische) Zusammenarbeit brachte zwar vermutlich August Wilhelm mehr Vorteile (ökonomisches und symbolisches Kapital sowie mehr Zeit für andere Projekte), doch Carolines Übersetzungspraxis war der von August Wilhelm in der Ausführung – nicht in der Qualität, so Kritiker – ebenbürtig, d. h. sie musste eigenständig finale

Übersetzungsentscheidungen treffen. In ihrer dritten Ehe hingegen wurde sie in ihrer übersetzerischen Tätigkeit bevormundet. Sie unterwarf sich privat und in ihrer Karriere ihrem dritten Ehemann Friedrich Wilhelm Schelling. Auch ihre Motivation zu übersetzen änderte sich mit der Heirat bzw. Wiederheirat. Zu Beginn ihrer Karriere, als junge Witwe, stand die finanzielle Motivation im Vordergrund, während sie im kreativen Umfeld der Jenaer Romantiker in ihrer zweiten Ehe vermutlich auch aus Leidenschaft für das Ausgangsmaterial und das Ergebnis übersetzte sowie um ihrer Pflicht als Ehefrau, den Mann zu unterstützen, nachzukommen. In ihrer dritten Ehe traten finanzielle Überlegungen in den Hintergrund. Wichtiger war vermutlich eine gewisse Neigung zum Übersetzen und zu anderen literarischen Tätigkeiten sowie die Unterstützung Friedrich Wilhelm Schellings, den Caroline vergötterte.

Auch Therese Heyne Forster Hubers übersetzerische Tätigkeit wandelte sich an der Seite ihrer Ehemänner und ganz besonders außerhalb der Ehe im Witwenstand. Auf ihren Ruf bedacht, „versteckte" sie ihre übersetzerische und schriftstellerische Arbeit in ihren Ehen und sogar einige Zeit nach dem Tod ihres zweiten Ehemannes. Anders als für Caroline war Thereses Arbeit in Georg Forsters Übersetzungsfabrik eine partnerschaftliche übersetzerische Zusammenarbeit, also eine Form der „companion collaborative translation" (vgl. Trzeciak Huss 2018: 451–454). Sie arbeitete nicht „für sich", sondern für den Ehemann, der ihre Arbeit stark kritisierte. Allerdings legte diese Zusammenarbeit den Grundstein für ihre spätere (auch unabhängigere) Karriere. Die Zusammenarbeit im literarischen Bereich mit ihrem zweiten Ehemann scheint „symbiotischer" und ebenbürtiger verlaufen zu sein. Ludwig Ferdinand Huber „bevormundete" zwar zumindest anfangs ihre übersetzerische Tätigkeit mit invasiven Korrekturen, aber er stand zu den Leistungen, die sie erbrachte, und verteidigte ihre übersetzerische Tätigkeit. Der Vergleich ihrer literarischen Tätigkeit während der Ehen mit ihrer äußerst selbstständigen und ruhmreichen literarischen Arbeit im Witwenstand zeigt jedoch, dass in beiden Ehen ihr schriftstellerisches und übersetzerisches Potenzial gehemmt worden war. Im Witwenstand wurde Therese zu einer selbstbewussten, eigenverantwortlichen Berufsübersetzerin und -journalistin, die sich ein recht emanzipiertes Leben erarbeitet hatte. In beiden Ehen war Therese vor allem finanziell zur Übersetzung motiviert und sah die Tätigkeit als Teil ihrer Pflichten als Ehefrau.

Spätestens in der zweiten Ehe hatte sie scheinbar eine „Leidenschaft" für die literarische Arbeit entwickelt. Als Witwe, die ihre Familie alleine durchbringen musste, blieb die finanzielle Motivation ausschlaggebend, doch zeigte ihre Arbeit zudem „literarische Ambition" und den Wunsch, eigene Meinungen und fremdes Wissen zu vermitteln.

Dorothea (Brendel) Mendelssohn Veit Schlegel übersetzte hauptsächlich an der Seite ihres übersetzenden zweiten Ehemanns. Es war eine partnerschaftliche (übersetzerische) Zusammenarbeit, bei der Friedrich Schlegels übergeordnete Position im Privaten wie im Beruflichen nie infrage gestellt wurde. War Friedrich nicht in Reichweite, arbeitete Dorothea zwar durchaus alleine und vermutlich auch eigenverantwortlich an Übersetzungen, doch sie konnte oder wollte mit ihren Übersetzungen nicht aus dem Schatten Friedrichs hervortreten. Mit zunehmender Erfahrung entwickelte sich ihre Übersetzungspraxis technisch weiter, doch der Prozess und die Motivation blieben gleich – mit Ausnahme der Jenaer Jahre, in denen sie unter anderem einen eigenen Roman verfasste. In ihrer Ehe mit Friedrich wurde sie zu einer Übersetzerin, die zur Existenzsicherung und Unterstützung des Ehemannes übersetzerisch tätig war. Außerhalb der Zusammenarbeit in ihrer Übersetzer:innenehe war Dorothea kaum übersetzerisch oder schriftstellerisch tätig.

Wilhelmina hingegen ließ sich ihr gesamtes Leben nicht auf eine partnerschaftliche (übersetzerische) Zusammenarbeit ein. Als junge, noch unerfahrene Frau übersetzte sie mit und für Friedrich Schlegel und Dorothea Mendelssohn Veit (später Schlegel). Unter diesem Einfluss versuchte sie, sich den gesellschaftlichen Normen anzupassen, indem sie ihrer übersetzerischen und journalistischen Tätigkeit „versteckt" nachging. Sobald sie sich aus diesem Umfeld gelöst hatte, stand sie wieder mit ihrem eigenen Namen zu ihrer Leistung. Ihre Ehen hatten wenig Einfluss auf ihre literarische Tätigkeit. Im Gegenteil, ihre Tätigkeit führte möglicherweise sogar zum Bruch ihrer zweiten Ehe. Im Unterschied zu den anderen Übersetzerinnen war Wilhelmina mit einem „unweiblichen" Selbstbewusstsein gesegnet und sah keinen Grund, sich und ihre übersetzerische und schriftstellerische Arbeit hinter einem Mann, geschweige denn einem Ehemann, verbergen zu müssen.

Aus diesen Fallstudien lässt sich schließen, dass die partnerschaftliche übersetzerische Zusammenarbeit, die in einer Ehe mit einer/einem übersetzenden Partner:in entstehen kann, schon in der Romantik für beide Seiten von Vorteil war, auch wenn der Ehemann meist deutlich mehr bzw. direkter davon profitierte. Es ist festzustellen, dass Frauen mit einem übersetzenden Ehemann leichter Einstieg in den literarischen Betrieb fanden (Netzwerk, männlicher Name als Schutzschild). Allerdings bedeutete die Arbeit im literarischen Betrieb für diese Frauen weniger Freiheit als für unverheiratete bzw. getrennt lebende Frauen, die denselben Schritt gewagt hatten. Verheiratete Ehefrauen waren weiterhin an die Pflichten als Ehefrau gebunden und übten ihre literarische Tätigkeit im Regelfall nicht für sich selbst (als kreatives Schaffen, für Ruhm oder eigene finanzielle Mittel), sondern im Dienste des Ehemanns aus (um ihm kreativen Freiraum zu schaffen, für seinen Ruhm oder um die Familie finanziell zu unterstützen). Ihre Tätigkeit blieb meist anonym oder hinter Kürzeln oder dem Namen des Ehemanns versteckt. Dies führte einerseits zu der bis heute festzustellenden Nichtbeachtung und, dadurch bedingt, der mangelnden Würdigung der Leistungen dieser Frauen. Gleichzeitig war diese „Verheimlichung" eine Gelegenheit, Übersetzerinnen innerhalb der Grenzen ihres Geschlechts Freiraum zu schaffen. So waren Caroline, Therese, Dorothea und Wilhelmina sowie viele andere Frauen „der Feder" trotz der scheinbaren Unterwerfung Vorläuferinnen der wenige Jahrzehnte später aufblühenden Frauenbewegung. Abschließend lässt sich also sagen, dass die Ehe die übersetzerische Tätigkeit von Übersetzerinnen, die mit Übersetzern verheiratet waren, zunächst erleichterte und/oder erst ermöglichte. Die (übersetzerischen) Entfaltungsmöglichkeiten allerdings waren in der Ehe nur beschränkt.

Kürzlich nutzte Thomas Etzemüller in einer Abhandlung über Performanz in der Wissenschaft (vgl. Etzemüller 2019a) die Figur der „Professorenfrau", die Marlies Gummert in einer Rede im Jahr 1979[213] entworfen hat. Bei der „Professorenfrau" nach Etzemüller handelt es sich um eine „Karrierebegleiterin", die „ihrem Mann zwar inhaltlich [hilft], doch [deren] schöpferische Leistung [ausgelöscht wird]" (Etzemüller 2019b: 9). Diese Figur, ihre Leistung und in gewisser Weise ihr Schicksal zeigen eine Lebensrealität, die der von

213 Gummert, Marlies (1979). „Rede einer selbstbewußten Professorenfrau" (Fiktion). In: Michel, Karl M.; Wieser, Harald & Enzensberger, Hans M. (Hg.). *Kursbuch 58: Karrieren*. Hamburg: Kursbuch Kulturstiftung, 85–100.

Caroline, Therese und Dorothea ähnelt. In ihren partnerschaftlichen (übersetzerischen) Zusammenarbeiten erfüllten Caroline (in ihren zwei letzten Ehen), Therese (vor allem in ihrer ersten, aber auch in ihrer zweiten Ehe) und Dorothea (in ihrer Ehe mit Friedrich Schlegel) die Aufgabe der unabdingbaren „Karrierebegleiterin". Wie Etzemüllers „Professorenfrau" bleiben diese Übersetzerinnen, zumindest im Zeitraum dieser Ehen, „als eigenständige Intellektuelle" (Etzemüller 2019b: 9) verborgen. Erst als bzw. wenn sie mit ihrer übersetzerischen und schriftstellerischen Leistung hinter dem Namen ihrer Ehemänner (z.B. wie Therese durch den Witwenstand gezwungen) hervortraten, konnte ihre Leistung gewürdigt werden und sich ihre Tätigkeit zu einer eigenen „Karriere" ausweiten. Allerdings war dieser Schritt in die Öffentlichkeit im 18. und 19. Jahrhundert, wie in dieser Forschungsarbeit gezeigt wurde, gesellschaftlich riskant. So entschieden sich wohl viele Frauen, unter anderem eben auch Caroline, Therese, Dorothea und kurzzeitig auch Wilhelmina, auf Ruhm und mögliche „Karrierechancen" zu verzichten und stattdessen ihre übersetzerische Tätigkeit im Geheimen auszuüben.

Die Erkenntnisse über die Zusammenarbeit in der Übersetzungspraxis der Romantik, die aus dieser Untersuchung gewonnen wurden, lassen darauf schließen, dass gemeinsames Übersetzen in der Übersetzungskultur der Romantik weitaus üblicher war, als in zeitgenössischen Vorworten und anderen Quellen angedeutet wird. Die „einsame Übersetzerin" bzw. der „einsame Übersetzer" ist ein Trugbild. Die Zusammenarbeit in der Romantik zwischen Übersetzer:innen konnte verschiedene Formen annehmen, wie etwa in Übersetzungsfabriken oder in Zeitungsredaktionen und eben in Verbindung mit intimen Beziehungen. Bei partnerschaftlicher übersetzerischer Zusammenarbeit in der Romantik jedoch gab es eindeutig eine auf biologischem Geschlecht basierende, gesellschaftlich bedingte Machtasymmetrie, die zur Benachteiligung der Übersetzerinnen im Vergleich zu den Übersetzern führte. Wie auch heute noch zu beobachten ist, stand hinter den meisten „genialen Männern" der Epoche eine meist ebenso geniale Frau, deren Leistung in Vergessenheit geriet oder verschwiegen wurde.

Mithilfe der biografischen Methode wurde in dieser Forschungsarbeit also das Leben von vier Frauen auf ihre übersetzerische Tätigkeit hin untersucht. Es wurde darauf geachtet, die Frauen als ihren männlichen Kollegen und insbesondere ihren Ehemännern ebenbürtig zu betrachten, denn alle vier Frauen hatten in vergangenen Forschungsarbeiten sprachliche und inhaltliche Benachteiligung erfahren. Hier wurden sowohl ihre Übersetzungen also auch ihre Tätigkeit als Schriftstellerinnen, Journalistinnen und Redakteurinnen gewürdigt. Doch noch wichtiger ist, dass in dieser Untersuchung die „Zuarbeiten", die alle vier Übersetzerinnen in unterschiedlichem Ausmaß für männliche Übersetzer erledigt hatten, dargestellt wurden und dieser Leistung die angemessene Würdigung zugesprochen wurde. Dies ist ein wichtiger Schritt, um Frauen hinter ihren Partnern aus der „Verniemandung" (vgl. Etzemüller 2019b: 9–10) herauszuholen und ihren (Zu)arbeiten die gebührende Achtung entgegenzubringen.

Zukünftig wäre es von Interesse, zu klären, welche unterschiedlichen Formen der Zusammenarbeit bei Übersetzungen es in der Romantik gab. Dabei wären die verschiedenen Konstellationen von beteiligten Akteur:innen sowie deren Gewinn aus der Zusammenarbeit von besonderem Interesse. Des Weiteren wäre es spannend, zu erforschen, inwieweit sich die übersetzerische Tätigkeit von ledigen Übersetzerinnen, verheirateten Übersetzerinnen und Übersetzer:innenehepaaren im Untersuchungszeitraum der Romantik unterscheiden. Dieses Forschungsinteresse würde eine ausführliche Auseinandersetzung mit bereits bekannten und unbekannten Übersetzerinnen der Jahrhundertwende vom 18. zum 19. Jahrhundert voraussetzen, um eine Basis für einen Vergleich zu schaffen. Ein spannender Bereich hierbei wäre die detaillierte Textanalyse, um die Eingriffe der (Ehe)männer in die Übersetzungen von Frauen nachzuweisen und auszuwerten. Diese Grundlagenarbeit würde gleichzeitig einen wertvollen Beitrag zur Übersetzer:innengeschichte bilden und Projekte wie das *Germersheimer Übersetzerlexikon* bereichern. Diese Untersuchung wirft zudem die Frage auf, inwiefern sich die „companion collaborative translation", d. h. die partnerschaftliche übersetzerische Zusammenarbeit, in den darauffolgenden Jahrhunderten unter der wandelnden Vorstellung und Bedeutung von Ehe entwickelt hat, insbesondere auch unter dem Gesichtspunkt der anhaltenden Machtasymmetrie zwischen Partner:innen. Werke wie unter anderem Markos *Schreibende Paare – Liebe, Freundschaft, Konkurrenz* (1995) und Schlies *Schreibende Paare – Liebe & Literatur* (2016) bieten hierfür interessante Gedankenanstöße.

Bibliografie

ADAMO, SERGIA (2006). „Microhistory of Translation". In: Bastin, Georges L. & Bandia, Paul F. (Hg.). *Charting the Future of Translation History*. Ottawa: University of Ottawa Press, 81–100.

AGORNI, MIRELLA (2002). *Translating Italy for the Eighteenth Century – British Women, Translation and Travel Writing (1739–1797)*. Manchester/Northampton: St. Jerome Publishing.

AGORNI, MIRELLA (2005). „A Marginal(ized) Perspective on Translation History: Women and Translation in the Eighteenth Century". In: *Meta*. 50 (3), 817–830.

AGORNI, MIRELLA (2007). „Locating systems and individuals in Translations Studies". In: Wolf & Fukari (Hg.), 123–134.

ALBRECHT, JÖRN & PLACK, IRIS (2018). *Europäische Übersetzungsgeschichte*. Tübingen: Narr Francke Attempto Verlag.

ANGELELLI, CLAUDIA V. (2012). „Introduction: *The sociological turn in translation and interpreting studies*". In: *Translation and Interpreting Studies. The Journal of the American Translation and Interpreting Studies Association* 7 (2). Amsterdam: John Benjamins Publishing Company, 125–128.

APEL, FRIEDMAR & KOPETZKI, ANNETTE (2003). *Literarische Übersetzung*. 2. bearb. Auflage. Stuttgart/Weimar: J. B. Metzler.

ARENDT, HANNAH (1959/1997). *Rahel Varnhagen. Lebensgeschichte einer deutschen Jüdin aus der Romantik*. 9. Auflage. München: Piper.

BACHLEITNER, NORBERT (1989). „‚Übersetzungsfabriken'. Das deutsche Übersetzungswesen in der ersten Hälfte des 19. Jahrhunderts". In: *Internationales Archiv für Sozialgeschichte der deutschen Literatur (IASL)* 14 (1), 1–50.

BASSNETT, SUSAN (2013). *Translation Studies*. 4. Auflage. London/New York: Routledge.

BAUMGARTNER, HANS M. & KORTEN, HARALD (1996). *Friedrich Wilhelm Joseph Schelling*. München: C.H.Beck.

BAUMGARTNER, KARIN (2008). „Constructing Paris: Flânerie, Female Spectatorship, and the Discourses of Fashion in ‚Französische Miscellen' (1803)". In: *Monatshefte* 100 (3), 351–368.

BAUMGARTNER, KARIN (2009). „Das Reisehandbuch als weibliche Auftragsarbeit im Vormärz: Helmina von Chézys Gemälde von Heidelberg (1816) und Norika (1833)".

In: Ujma, Christina (Hg.). *Wege in die Moderne. Reiseliteratur von Schriftstellerinnen und Schriftstellern des Vormärz.* Bielefeld: Aisthesis Verlag, 57–68.

Becker-Cantarino, Barbara (1987). *Der lange Weg zur Mündigkeit: Frauen und Literatur (1500–1800).* Stuttgart: J. B. Metzlersche Verlagsbuchhandlung.

Becker-Cantarino, Barbara (2000). *Schriftstellerinnen der Romantik: Epoche – Werke – Wirkung.* München: C.H.Beck.

Becker-Cantarino, Barbara (2001). „Dorothea Veit-Schlegel als Schriftstellerin und die Berliner Romantik". In: Pape, Walter (Hg.). *Arnim und die Berliner Romantik: Kunst, Literatur und Politik.* Berlin/Boston: De Gruyter, 123–134.

Behler, Ernst (1994). „Das Romantikerhaus in Jena und die Frühromantiker". In: Oesterle, Günter; Hörisch, Jochen & Behler, Ernst (Hg.). *Athenaeum, 4. Jahrgang 1994, Jahrbuch für Romantik. Jahrbuch der Friedrich Schlegel Gesellschaft.* Paderborn: Ferdinand Schöningh, 365–370.

Behler, Ernst; Anstett, Jean-Jacques & Eichner, Hans (Hg.) (1981). *Kritische Friedrich-Schlegel-Ausgabe.* 16. Band. Paderborn u. a.: Ferdinand Schöningh.

Bereza, Dorota K. (2013). *Die Neuübersetzung – Eine Hinführung zur Dynamik literarischer Translationskultur.* Berlin: Frank & Timme.

Bernays, Michael (1872). *Zur Entstehungsgeschichte des Schlegelschen Shakespeare.* Leipzig: Verlag von S. Hirzel.

Brandes, Helga & Kopp, Detlev (Hg.) (1996). *Forum Vormärz Forschung, Jahrbuch 1996: Autorinnen des Vormärz.* Bielefeld: Aisthesis.

Burton, William M. (2010). „Inverting the text: A proposed queer translation praxis". In: *In Other Words* 36, 54–68.

Carlyle, Thomas (1840/2011). „Über Helden, Heldenverehrung und das Heldentümliche in der Geschichte. Erste Vorlesung: Der Held als Gottheit. Odin. Heidentum. Skandinavische Mythologie [Auszug] [1840]". In: Fetz & Hemecker (Hg.), 29–32.

Chesterman, Andrew (2009). „The Name and Nature of Translator Studies". In: *HERMES – Journal of Language and Communication in Business* 42, 13–22.

Chesterman, Andrew (2017). „Paper 24. Questions in the sociology of translation". In: *Reflections on Translation Theory: Selected papers 1993–2014.* Amsterdam/Philadelphia: John Benjamins Publishing Company, 307–322.

Chézy, Helmina de (1818). „Erinnerungen aus meinem Leben, bis 1811". In: Chézy, Helmina von (Hg.). *Aurikeln. Eine Blumengabe von deutschen Händen.* 1. Band. Berlin: Duncker und Humblot.

Chézy, Helmina de (1858a). *Unvergessenes.* 1. Band. Leipzig: F. A. Brockhaus.

Chézy, Helmina de (1858b). *Unvergessenes.* 2. Band. Leipzig: F. A. Brockhaus.

Conrad, Hermann (1912). *Unechtheiten in der ersten Ausgabe der Schlegelschen Shakespere [sic!]-Übersetzung (1797–1801), nachgewiesen aus seinem Manuskripten.* Berlin: Weidmannsche Buchhandlung.

Cuddon, John A. & Preston, C. E. (1999). *The Penguin Dictionary of Literary Terms and Literary Theory.* London: Penguin Books.

Damm, Sigrid (2009). *Caroline Schlegel Schelling: Ein Lebensbild in Briefen.* Leipzig/Frankfurt am Main: Insel Verlag.

Damrau, Peter (2009). „Eliza Heywoods Geschichte des Fräuleins Elisabeth Thoughtless (1756): Frühe Selbsterkenntnis und Ehekritik in der englischen Übersetzungsliteratur". In: *The German Quarterly* 82 (4), 425–446.

Cordingley, Anthony & Frigau Manning, Céline (2017). „What is Collaborative Translation?". In: Cordingley, Anthony & Frigau Manning, Céline (Hg.). *Collaborative translation: from the Renaissance to the Digital age.* London/New York: Bloomsbury Academic, 1–30.

Dausien, Bettina (2013). „‚Biographieforschung' – Reflexionen zu Anspruch und Wirkung eines sozialwissenschaftlichen Paradigmas". In: *Zeitschrift für Biographieforschung, Oral History und Lebensverlaufanalyse (BIOS)* 26 (2). Leverkusen: Verlag Barbara Budrich, 165–176.

Delisle, Jean & Woodsworth, Judith (1995/2012). „Introduction". In: Delisle & Woodsworth (Hg.), xxiii–xxv.

Delisle, Jean & Woodsworth, Judith (Hg.) (2012). *Translators through History.* 2. überarb. Auflage. Amsterdam/Philadelphia: John Benjamins Publishing Company.

Dilthey, Wilhelm (1910/2011). „Der Aufbau der geschichtlichen Welt in den Geisteswissenschaften [Auszug] [1910]". In: Fetz & Hemecker (Hg.), 59–64.

Dischner, Gisela (1979). *Caroline und der Jenaer Kreis: ein Leben zwischen bürgerlicher Vereinzelung und romantischer Geselligkeit.* Berlin: Verlag Klaus Wagenbach.

Eichner, Hans (1997). „Das Bild der Frau in der Frühromantik. Theorie und Wirklichkeit". In: Schultz (Hg.), 1–19.

El-Akramy, Ursula (2001). „Caroline Schlegel-Schelling: Salonnière und Shakespeare-Übersetzerin". In: Messner & Wolf (Hg.), 71–76.

Engelsing, Rolf (1966). „Lebenshaltungen und Lebenshaltungskosten im 18. und 19. Jahrhundert in den Hansestadten Bremen und Hamburg". In: *International review of social history* 11 (1). Cambridge: Cambridge University Press, 73–107.

Etzemüller, Thomas (Hg.) (2019a). *Der Auftritt.* Bielefeld: transcript Verlag.

Etzemüller, Thomas (2019b). „‚It's the performance, stupid'. Performanz → Evidenz: Der Auftritt in der Wissenschaft". In: Etzemüller (Hg.), 9–44.

Farge, Arlette & Davis Natalie Z. (Hg.) (1994). *Geschichte der Frauen: Frühe Neuzeit.* Frankfurt am Main/New York: Campus Verlag.

Fetz, Bernhard v. & Hemecker, Wilhelm (Hg.) (2011). *Theorie der Biographie – Grundlagentexte und Kommentar.* Berlin: de Gruyter.

Fichte, Immanuel H. (Hg.) (1845). *Fichtes Werke: Zweite Abtheilung. A. Zur Rechts- und Sittenlehre.* 1. Band. Berlin: Veit und Comp.

Finckh, Ruth (Hg.) (2015). *Das Universitätsmamsellen-Lesebuch. Fünf gelehrte Frauenzimmer, vorgestellt in eigenen Werken.* Göttingen: Universitätsverlag Göttingen.

Flotow, Luise v. (2011). „Preface". In: Von Flotow, Luise (Hg.). *Translating Women.* Ottawa: University of Ottawa Press, 1–10.

Foucault, Michel (1977/2011). „Das Leben der infamen Menschen [1977]". In: Fetz & Hemecker (Hg.), 257–276.

Frank, Erich (Bearb.) (1912). *Sitzungsberichte der Heidelberger Akademie der Wissenschaften, Philosophisch-Historische Klasse, 1. Abhandlung: Rezensionen über schöne Literatur von Schelling und Caroline in der Neuen Jenaischen Literatur-Zeitung.* Heidelberg: Carl Winter's Universitätsbuchhandlung.

Fränzle, Walter (1913). *Geschichte des Übersetzens im 18. Jahrhundert.* Leipzig: Voigtländer.

Frenzel, Herbert A. & Frenzel, Elisabeth (1977). *Daten deutscher Dichtung. Chronologischer Abriß der deutschen Literaturgeschichte. Band I: Von den Anfängen bis zur Romantik.* 13. überarb. Auflage. München: Deutsche Taschenbuch Verlag.

Gerhard, Ute (2018). *Frauenbewegung und Feminismus. Eine Geschichte seit 1789.* 3. Auflage. München: C.H.Beck.

GFW 13 – Akademie der Wissenschaften der DDR & Scheibe, Siegfried (Hg.) (1978a). *Georg Forsters Werke. Sämtliche Schriften, Tagebücher, Briefe: Briefe bis 1783.* 13. Band. Berlin: Akademie Verlag.

GFW 14 – Akademie der Wissenschaften der DDR, Leuschner, Brigitte & Scheibe, Siegfried (Hg.) (1978b). *Georg Forsters Werke. Sämtliche Schriften, Tagebücher, Briefe: Briefe 1784–Juni 1787.* 14. Band. Berlin: Akademie Verlag.

GFW 16 – Akademie der Wissenschaften der DDR, Leuschner, Brigitte & Scheibe, Siegfried (Hg.) (1980). *Georg Forsters Werke. Sämtliche Schriften, Tagebücher, Briefe: Briefe 1790 bis 1791.* 16. Band. Berlin: Akademie Verlag.

GFW 18 – Akademie der Wissenschaften der DDR; Leuschner, Brigitte; Scheibe, Siegfried; Fiedler, Horst; Popp, Klaus-Georg & Schneider, Annerose (Hg.) (1982). *Georg Forsters Werke. Sämtliche Schriften, Tagebücher, Briefe an Forster.* 18. Band. Berlin: Akademie Verlag.

Gibbels, Elisabeth (2008). „Die Textpiratinnen. Leistungen der feministischen Translationswissenschaft". In: Schippel (Hg.), 193–210.

Gibbels, Elisabeth (2018). *Lexikon der deutschen Übersetzerinnen 1200–1850.* Berlin: Frank & Timme.

Gillis, John R. (1999). „‚A Triumph of Hope over Experience': Chance and Choice in the History of Marriage". In: *International Review of Social History* 44 (1), 47–54.

Godayol, Pilar (2013). „Gender and translation". In: Millán & Bartina (Hg.), 173–185.

Goetzinger, Germaine (1997). „Daß die Ehe in dem Zustande der Gesellschaft, wie sich jetzt gestaltet hat, nicht mehr Naturgebot sei …! Therese Hubers Roman Die Ehelosen (1829) als Vorentwurf zu einer Theorie sozialer Mütterlichkeit". In: Brandes & Kopp (Hg.), 15–26.

Gössmann, Elisabeth (1988). „Für und wider die Frauengelehrsamkeit. Eine europäische Diskussion im 17. Jahrhundert". In: Brinker-Gabler, Gisela (Hg.). *Deutsche Literatur von Frauen: Erster Band – vom Mittelalter bis zum Ende des 18. Jahrhunderts.* München: C.H.Beck, 185–197.

Gribč, Nadja; Hebenstreit, Gernot; Vorderobermeier, Gisella & Wolf, Michaela (Hg.) (2010). *Translationskultur revisited: Festschrift für Erich Prunč.* Tübingen: Stauffenburg.

Gribč, Nadja & Wolf, Michaela (Hg.) (2002). *Grenzgängerinnen. Zur Geschlechterdifferenz in der Übersetzung.* Graz: Selbstverlag, Institut für Theoretische und Angewandte Translationswissenschaft.

Gürçağlar, Şehnaz Tahir (2013). „Translation history". In: Millán & Bartina (Hg.), 131–143.

HAHN, ANDREA & FISCHER, BERNHARD (Hg.) (1993). *„Alles... von mir!" Therese Huber (1764–1829), Schriftstellerin und Redakteurin. Marbacher Magazin 65.* Marbach am Neckar: Deutsche Schillergesellschaft.

HAHN, ANDREA (1998). „‚Wie ein Mannskleid für den weiblichen Körper' Therese Huber (1764–1829)". In: Tebben, Karin (Hg). *Beruf: Schriftstellerin – schreibende Frauen im 18. und 19. Jahrhundert.* Göttingen: Vandenhoeck & Ruprecht, 103–131.

HÄNTZSCHEL, GÜNTER (1991). „Schlegel-Schelling, (Dorothea) Caroline (Albertina)". In: Killy, Walther (Hg.). *Literaturlexikon. Band 10 – Autoren und Werke von A bis Z. Ros – Sel.* Gütersloh: Bertelsmann Lexikon Verlag, 267–269.

HARSCHEIDT, MICHAEL (1989). „Biographieforschung: Werden und Wandel einer komplexen Methode". In: *Historical Social Research* 14 (4). Köln: GESIS – Leibniz Institute for the Social Sciences, 99–142.

HATTENHAUER, HANS (Hg.) (1996). *Allgemeines Landrecht für die Preußischen Staaten von 1794.* 3. Auflage. München: Luchterhand Verlag.

HAUFF, WILHELM (1827/2015). *Die Bücher und die Lesewelt: Phantasien und Skizzen.* Berlin: Hofenberg.

HEBENSTREIT, GERNOT; GRBIĆ, NADJA; VORDEROBERMEIER, GISELLA & WOLF, MICHAELA (2010). „Translationskultur revisited. In loco laudationis". In: Grbić, Hebenstreit, Vorderobermeier & Wolf (Hg.), 11–18.

HEUSER, MAGDALENE & WULBUSCH, PETRA (2005). *Therese Huber: Briefe/1812–Juni 1815.* 7. Band. Berlin: De Gruyter.

HEUSER, MAGDALENE (2013). „Lektüre – Übersetzung – Vermittlung. Therese Hubers Redaktionstätigkeit für Cottas Morgenblatt für gebildete Stände". In: *Oxford German Studies* 42 (2), 158–172.

HOLMES, JAMES S. (1972/2000). „The Name and Nature of Translation Studies". In: Venuti, Lawrence & Baker, Mona (Hg.). *The Translation Studies Reader.* London/New York: Routledge, 172–185.

HUB, IGNAZ (1849). *Deutschland's Balladen- und Romanzen-Dichter: von G. A. Bürger bis auf die neueste Zeit; eine Auswahl des Schönsten und charakteristisch Werthvollsten aus dem Schatze der lyrischen Epik, in Balladen und Romanzen, Mären, Legenden und Erzählungen, nebst Biographieen und Charakteristiken der Dichter, unter Berücksichtigung der namhaftesten kritischen Stimmen.* 2. Auflage. Karlsruhe.

HUBER, THERESE & HUBER, VICTOR A. (Hg.) (1830). *Erzählungen: in sechs Theilen.* 1. Band. Leipzig: Brockhaus.

Hufton, Olwen (1994). „Arbeit und Familie". In: Farge & Davis (Hg.), 27–59.

Hundt, Irina (1997a). „Geselligkeit im Kreise von Dorothea und Friedrich Schlegel in Paris in den Jahren 1802–1804". In: Schultz (Hg.), 83–133.

Hundt, Irina (1997b). „‚Wäre ich besonnen, wäre ich nicht Helmina.' Helmina von Chézy (1783–1856) – Porträt einer Dichterin und Publizistin". In: Brandes & Kopp (Hg.), 43–79.

Hung, Eva (2005). „Editor's preface". In: Hung, Eva (Hg.). *Translation and Cultural Change*. Amsterdam/Philadelphia: John Benjamins Publishing Company, vii–xiii.

Janetzki, Ulrich (1984). *Henriette Herz. Berliner Salon: Erinnerungen und Portraits*. Berlin: Ullstein.

Jansen, Hanne & Wegener, Anna (2013). „Introduction. Multiple translatorship". In: Jansen, Hanne & Wegener, Anna (Hg.). *Authorial and editorial voices in translation. Collaborative Relationships between Authors, Translators and Performers*. Vita Traductiva v. 2–3. Montréal: Éditions québécoises de l'oeuvre, 1–39.

Jiménez-Crespo, Miguel A. (2017). *Crowdsourcing and Online Collaborative Translations*. Amsterdam/Philadelphia: John Benjamins Publishing Company.

Jöhr, Walter A. (1982). „Wirtschaft und Politik I: Lehrgeschichtlicher Überblick". In: Albers, Willi u. a. (Hg.). *Handwörterbuch der Wirtschaftswissenschaft*. 9. Band. Göttingen: Vandenhoeck & Ruprecht, 1–12.

Joly, Jean-François (1995/2012). „Preface". In: Delisle & Woodsworth (Hg.), xix–xxii.

Kambas, Chryssoula (1996/2012). „Zwischen Kosmopolitismus und Nation. Helmina von Chézy als Pariser Chronistin". In: Heuser, Magdalene (Hg.). *Autobiographien von Frauen*. Reprint. Berlin/Boston: De Gruyter, 247–264.

Kaiser-Cooke, Michèle (2001). „Sehen und gesehen werden. Sichtbar bleiben im transkulturellen Kontext". In: Messner & Wolf (Hg.), 153–159.

Kelletat, Andreas F. & Tashinskiy, Aleksy (Hg.) (2014). *Übersetzer als Entdecker – Ihr Leben und Werk als Gegenstand translationswissenschaftlicher und literaturgeschichtlicher Forschung*. Berlin: Frank & Timme.

Kelletat, Andreas F. & Tashinskiy, Aleksy (2014). „Entdeckung der Übersetzer – Stand und Perspektiven des ‚Germersheimer Übersetzerlexikons'". In: Kelletat & Tashinskiy (Hg.), 7–16.

KELLETAT, ANDREAS F.; TASHINSKIY, ALEKSY & BOGUNA, JULIJA (2016). „Vorbemerkung: Germersheimer Übersetzungsforschung". In: Kelletat, Andreas F.; Tashinskiy, Aleksy & Boguna, Julija (Hg.). *Übersetzerforschung – Neue Beiträge zur Literatur- und Kulturgeschichte des Übersetzens*. Berlin: Frank & Timme, 7–11.

KEWITZ, JESSICA (Hg.) (2004). *„Kommen Sie, wir wollen ‚mal Hausmutterles spielen": der Briefwechsel zwischen den Schriftstellerinnen Therese Huber (1764–1829) und Helmina von Chézy (1783–1856)*. Marburg: Tectum Verlag.

KINDER, HERMANN & HILGEMANN, WERNER (2002). *dtv-Atlas Weltgeschichte. Band 2: Von der Französischen Revolution bis zur Gegenwart*. 35. Auflage. München: Deutscher Taschenbuch Verlag.

KITZBICHLER, JOSEFINE; LUBITZ, KATJA & MINDT, NINA (2009). *Theorie der Übersetzung antiker Literatur in Deutschland seit 1800*. Berlin/Boston: De Gruyter.

KLEINSCHMIDT, CHRISTIAN (2002). „Weltwirtschaft, Staat und Unternehmen im 18. Jahrhundert: Ein Beitrag zur Protoindustrialisierungsdebatte". In: *Zeitschrift für Unternehmensgeschichte/Journal of Business History* 47 (1). München: C.H.Beck, 72–86.

KLESSMANN, ECKART (1975). *Caroline – Das Leben der Caroline Michaelis Böhmer Schlegel Schelling (1763–1809)*. München: Paul List Verlag KG.

KLESSMANN, ECKART (2008). *Universitätsmamsellen: fünf aufgeklärte Frauen zwischen Rokoko, Revolution und Romantik*. Frankfurt am Main: Eichborn Verlag.

KNUFMANN, HELMUT (1967). „Das deutsche Übersetzungswesen des 18. Jahrhunderts im Spiegel von Übersetzer- und Herausgebervorreden". In: *Börsenblatt für den Deutschen Buchhandel* 91, 2676–2716.

KOHLI, MARTIN (2013). „Wie es zur ‚biographischen Methode' kam und was daraus geworden ist. Ein Kapitel aus der Geschichte der Sozialforschung". In: *Zeitschrift für Biographieforschung, Oral History und Lebensverlaufanalyse (BIOS)* 26 (2). Leverkusen: Verlag Barbara Budrich, 270–298.

KÖRNER, JOSEF (Hg.) (1969). *Krisenjahre der Frühromantik. Briefe aus dem Schlegelkreis. Bd. 1. Der Texte erste Hälfte. 1791-1808*. Bern u. a.: Francke.

KURZ, GERHARD (1996). „Die Originalität der Übersetzung. Zur Übersetzungstheorie um 1800". In: Stadler, Ulrich; Jackson John E.; Kurz, Gerhard & Neumann, Peter H. (Hg.). *Zwiesprache – Beiträge zur Theorie und Geschichte des Übersetzens*. Stuttgart/Weimar: J.B. Metzler, 52–63.

LANGEWIESCHE, DIETER (1989). „‚Fortschritt', ‚Tradition' und ‚Reaktion' nach der Französischen Revolution bis zu den Revolutionen von 1848". In: Schmidt (Hg.), 446–458.

Lawrence, Venuti (2018/1995). *The translator's invisibility: a history of translation.* 3. Auflage. Abingdon/New York: Routledge.

Lebensaft, E. (1999). „Schlegel (von Gottleben) Dorothea". In: Österreichische Akademie der Wissenschaften (Hg.). *Österreichisches Biographisches Lexikon 1815–1950, X. Band (Sav-Scho).* Wien: VÖAW.

Lotbinière-Harwood, Louis de (1989). „‚About the her' in other', preface to Letters from an Other". In: Gauvin, Lise /Lotbinière-Harwood, Louis. *Letters from an Other.* Toronto: The Women's Press.

Lutz, Helma; Schiebel, Martina & Tuider, Elisabeth (Hg.) (2018). *Handbuch Biographieforschung.* Wiesbaden: Springer.

Makarska, Renata (2014). „Die Rückkehr des Übersetzers – Zum Nutzen einer Übersetzerbiographie". In: Kelletat & Tashinskiy (Hg.), 51–61.

Marko, Gerda (1995). *Schreibende Paare. Liebe, Freundschaft, Konkurrenz.* Düsseldorf: Artemis & Winkler.

Mergenthaler, May (2008). „Die Frühromantik als Projekt vollendeter Mitteilung zwischen den Geschlechtern: Friedrich Schlegel und Dorothea Veit im Gespräch über Friedrich Richters Romane". In: *The German Quarterly* 81 (3), 302–321.

Messner, Sabine & Wolf, Michaela (2000). *Mittlerin zwischen den Kulturen – Mittlerin zwischen den Geschlechtern? – Studie zu Theorie und Praxis feministischer Übersetzung.* Graz: Selbstverlag, Institut für Theoretische und Angewandte Translationswissenschaft.

Messner, Sabine & Wolf, Michaela (Hg.) (2001). *Übersetzung aus aller Frauen Länder. Beitrag zu Theorie und Praxis weiblicher Realität in der Translation.* Graz: Leykam.

Millán, Carmen & Bartrina, Francesca (Hg.) (2013). *The Routledge Handbook of Translation Studies.* Abingdon/New York: Routledge.

Möhle, Sylvia (1997). *Ehekonflikt und sozialer Wandel: Göttingen 1740–1840.* Frankfurt am Main/New York: Campus Verlag.

Muncker, Franz (1890). „Schelling, Caroline". In: Historischen Kommission bei der Bayerischen Akademie der Wissenschaften (Hg.). *Allgemeine Deutsche Biographie.* 31. Band, 3–6.

Murtfeld, Rudolf (1973). *Caroline Schlegel-Schelling: Moderne Frau in revolutionärer Zeit.* Bonn: Bouvier Verlag.

NICOLAI, FRIEDRICH (1773). *Das Leben und die Meinungen des Herrn Magister Sebaldus Nothanker.* 1. Band. Berlin/Stettin: Nicolai.

O'BRIEN, SHARON (2011). „Collaborative translation". In: Gambier, Yves & Doorslaer, Luc van (Hg.). *Handbook of Translation Studies*. Amsterdam: John Benjamins Publishing Company, 17–20.

PARAF, PIERRE (1930). „Le Romantisme et la Politique". In: *La Révolution de 1848 et les révolutions du XIXe siècle* 27 (132), 11–25.

PETERS, ANJA (2010). „‚Eine reine Geldangelegenheit'? Nineteenth-Century Writers' Correspondence with the Morgenblatt für gebildete Stände". In: *Forum for Modern Language Studies* 46 (3), 321–333.

PINNA, GIOVANNA (2018). „‚Das Original Erschaffen'. Zu Schillers Übersetzungsstrategien". In: Nebrig, Alexander & Vecchiato, Daniele (Hg.). *Kreative Praktiken des literarischen Übersetzens um 1800*. Berlin: de Gruyter, o. S.

PITT, GUSTAV L. (Hg.) (1870). *Friedrich Wilhelm Joseph Schelling: Aus Schellings Leben – In Briefen. Zweiter Band 1803–1820.* Leipzig: Verlag von S. Hirzel.

PÖLLABAUER, SONJA (2006). „‚Translation culture' in interpreted asylum hearings". In: Pym, Shlesinger & Jettmarová (Hg.), 151–162.

PRUNČ, ERICH (1997). „Translationskultur (Versuch einer konstruktiven Kritik des translatorischen Handelns)" [Erweiterte Fassung des Referats beim Kongreß Transferre necesse est, Budapest, 5.–7. September 1996]. In: *TEXTconTEXT* 11 = NF 1.2, 99–127.

PRUNČ, ERICH (2007). „Priests, princes and pariahs. Constructing the professional field of translation". In: Wolf & Fukari (Hg.), 39–56.

PRUNČ, ERICH (2008). „Zur Konstruktion von Translationskulturen". In: Schippel (Hg.), 19–41.

PRUNČ, ERICH (2012). *Entwicklungslinien der Translationswissenschaft: Von den Asymmetrien der Sprachen zu den Asymmetrien der Macht.* 3. erw. und verb. Auflage. Berlin: Frank & Timme.

PUTLITZ, GUSTAV H. G. E. ZU (1885). *Mein Heim. Erinnerungen aus Kindheit und Jugend.* Berlin: Gebrüder Paetel.

PYM, ANTHONY (1998). *Method in Translation History.* Manchester: St. Jerome Publishing.

PYM, ANTHONY (2006). „On the social and cultural in Translation Studies". In: Pym, Shlesinger & Jettmarová (Hg.), 9–25.

Pym, Anthony (2009). „Humanizing Translation History". In: *HERMES – Journal of Language and Communication in Business* 42, 23–48.

Pym, Anthony; Shlesinger, Miriam & Jettmarová, Zuzana (Hg.) (2006). *Sociocultural Aspects of Translating and Interpreting*. Amsterdam/Philadelphia: John Benjamins Publishing Company.

Raich, Johann M. (Hg.) (1881). *Dorothea v. Schlegel geb. Mendelssohn und deren Söhne, Johannes und Philipp Veit, Briefwechsel*. Mainz: Franz Kirchheim.

Reulecke, Anne-Kathrin (1993/2011). „‚Die Nase der Lady Hester'. Überlegungen zum Verhältnis von Biographie und Geschlechterdifferenz [1993]". In: Fetz & Hemecker (Hg.), 317–339

Reulecke, Martin (2010). *Caroline Schlegel-Schelling: Virtuosin der Freiheit: eine kommentierte Bibliographie*. Würzburg: Königshausen & Neumann.

Richter, Kurt Albrecht (1899). *Ferdinand Freiligrath als Uebersetzer*. Berlin: A Duncker.

Riepl-Schmidt, Mascha (2016). *Therese Huber (1764–1829) – „Ich will Weisheit tauschen gegen Glück": ein Leben als Bildungsroman*. Frankfurt am Main: Peter Lang GmbH.

Ritchie, Gisela F. (1968). *Caroline Schlegel-Schelling in Wahrheit und Dichtung*. Bonn: Bouvier.

Roche, Geneviève (1994). „‚Völlig nach Fabrikart'. Handwerk und Kunst der Übersetzung bei Georg Forster". In: Reichardt, Rolf & Roche, Geneviève (Hg.). *Weltbürger – Europäer – Deutscher – Franke. Georg Forster zum 200. Todestag. Ausstellungskatalog*. Mainz: Universitätsbibliothek Mainz, 101–119.

Savoy, Bénédicte (2009). „Vorwort". In: Chézy, Wilhelmina de. *Leben und Kunst in Paris seit Napoleon I., Weimar 1805–1807*. Berlin: Akademie-Verlag, IX–XXIII.

Scherl, Sophia (2014). *Die Deutsche Übersetzungsgeschichte in der zweiten Hälfte des 18. Jahrhunderts. Meta Forkel-Liebeskind und ihre Übersetzung der „Rights of Man"*. Berlin: Frank & Timme.

Schippel, Larisa (Hg.) (2008). *TRANSLATIONSKULTUR – ein innovatives und produktives Konzept*. Berlin: Frank & Timme.

Schlegel, August W. & Schlegel, Friedrich (1798). *Athenaeum – eine Zeitschrift von August Wilhelm Schlegel und Friedrich Schlegel*. 1. Band. 2. Stück. Berlin: Vieweg der Ältere.

Schleiermacher, Friedrich (1813/1838). „Ueber die verschiedenen Methoden des Uebersezens". In: Schleiermacher, Friedrich. *Sämmtliche Werke. Dritte Abtheilung: Zur Philosophie*. 2. Band. Berlin: Reimer.

Schlie, Tania (2016). *Schreibende Paare – Liebe & Literatur*. München/Wien: Thiele Verlag.

Schmidt, Erich (1913). *Caroline: Briefe aus der Frühromantik*. 1. Band. Leipzig: Insel Verlag.

Schmidt, Jochen (Hg.) (1989). *Aufklärung und Gegenaufklärung in der europäischen Literatur, Philosophien und Politik von der Antike bis zur Gegenwart*. Darmstadt: Wissenschaftliche Buchgesellschaft.

Schmidt, Jochen (1989). „Einleitung: Aufklärung, Gegenaufklärung, Dialektik der Aufklärung". In: Schmidt (Hg.), 1–31.

Schmid-Voges, Inken (Hg.) (2010). *Ehe – Haus – Familie. Soziale Institutionen im Wandel 1750–1850*. Köln/Weimar/Wien: Böhlau Verlag.

Schranz, Melanie (2014). *Zwischen Freud' und Leid – Leben und Sterben in der Frühen Neuzeit auf der Schwäbischen Alb*. Dissertation, Johannes Gutenberg-Universität Mainz.

Schultz, H. (Hg.) (1997). *Salons der Romantik – Beiträge eines Wiepersdorfer Kolloquiums zu Theorie und Geschichte des Salons*. Berlin/New York: de Gruyter.

Schweiger, Hannes (2011). „Die Macht der Archive. Zu Michel Foucault: ‚Das Leben der infamen Menschen'". In: Fetz & Hemecker (Hg.), 277–284.

Seibert, Peter (1993). *Der literarische Salon: Literatur und Geselligkeit zwischen Aufklärung und Vormärz*. Stuttgart/Weimar: Verlag J. B. Metzler.

Sendtner, Johann J. I. (Hg.) (1814). *Gesellschaftsblatt für gebildete Stände*. 4. Band. München: Zeitungs-Comtoir.

Siegel, Monika (2000). *Ich hatte einen Hang zur Schwärmerey ... Das Leben der Schriftstellerin und Übersetzerin Meta Forkel-Liebeskind im Spiegel ihrer Zeit*. Inauguraldissertation, Technische Universität Darmstadt.

Snell-Hornby, Mary (2006). *The Turns of Translation Studies*. Amsterdam/Philadelphia: John Benjamins Publishing Company.

Stacherl, Petra (2002). „Auf den Spuren italienischer Übersetzerinnen zwischen Arcadia und Romantik". In: Gribč & Wolf (Hg.), 31–46.

St. Andre, James (2010). „Lessons from Chinese History: Translation as a Collaborative and Multi-stage Process". In: *TTR: Traduction, Terminologie, Rédaction* 23 (1), 71–94.

Stern, Carola (1990). *Ich möchte mir Flügel wünschen: das Leben der Dorothea Schlegel.* Reinbek bei Hamburg: Rowolt Verlag.

Stillinger, Jack (1991). *Multiple Authorship and the Myth of Solitary Genius.* New York/Oxford: Oxford University Press.

Strube, Rolf (Hg.) (1991). *Sie saßen und tranken am Teetisch. Anfänge und Blütezeit der Berliner Salons 1789–1871.* München: Piper.

Sutton, Martine (1994). „Mädchenerziehung". In: Farge & Davis (Hg.), 119–150.

Tashinskiy, Aleksy (2019). „Einleitung: ‚Wie ist das übersetzt?' – Konturierung einer relationalen Frage". In: Tashinskiy, Aleksy & Boguna, Julija (Hg.). *Das WIE des Übersetzens.* Berlin: Frank & Timme, 7–19.

Trzeciak Huss, Joanna (2018). „Collaborative translation". In: Washbourne, R. Kelly & Van Wyke, Ben (Hg.). *Routledge handbook of literary translation.* Abingdon/ New York: Routledge, 448–467.

Uhlig, Ludwig (2004). *Georg Forster: Lebensabenteuer eines gelehrten Weltbürgers (1754–1794).* Göttingen: Vandenhoeck & Ruprecht.

Walter, Ulrike (2001). „Die Auswirkungen der Erwerbsmöglichkeit auf Leben und Werk von Übersetzerinnen: Louise Gottsched und Sophie Mereau im Vergleich". In: Messner & Wolf (Hg.), 63–70.

Walter, Ulrike (2002). „Die Anfänge weiblicher übersetzerischer Erwerbsarbeit um 1800". In: Gribč & Wolf (Hg.), 17–30.

Weber-Kellermann, Ingeborg (1991). *Frauenleben im 19. Jahrhundert – Empire und Romantik, Biedermeier, Gründerzeit.* München: C.H.Beck.

Wehinger, Brunhilder (2008). „Auf dem ‚Marktplatz der Ideen'. Übersetzerinnen im 18. Jahrhundert". In: Wehinger, Brunhilde & Brown, Hilary (Hg.). *Übersetzungskultur im 18. Jahrhundert. Übersetzerinnen in Deutschland, Frankreich und der Schweiz.* Hannover: Wehrhahn Verlag, 7–17.

Weissberg, Liliane (1995). „Schreiben als Selbstentwurf. Zu den Schriften Rahel Varnhagens und Dorothea Schlegels". In: *Zeitschrift für Religions- und Geistesgeschichte* 47. Köln, 231–253.

Wieneke, Ernst (Hg.) (1914). *Caroline und Dorothea Schlegel in Briefen.* Weimar: Kiepenheuer.

Wilhelmy-Dollinger, Petra (2000). *Die Berliner Salons. Mit historisch-literarischen Spaziergängen.* Berlin/New York: de Gruyter.

WILLENBERG, JENNIFER (2008). *Distribution und Übersetzung englischen Schrifttums im Deutschland des 18. Jahrhunderts.* München: K.G. Saur Verlag.

WILLIAMS, JENNY & CHESTERMAN, ANDREW (2002). *The Map – A Beginner's Guide to Doing Research in Translation Studies.* Manchester: St. Jerome Publishing.

WISCHERMANN, CLEMENS (2011). „Wirtschaftskultur und Wirtschaftsgeschichte: Von der Historischen Schule zur Neuen Institutionenökonomik". In: Hochgeschwender, Michael (Hg.). *Religion, Moral und liberaler Markt: politische Ökonomie und Ethikdebatten vom 18. Jahrhundert bis zur Gegenwart.* Bielefeld: transcript, 55–68.

WITTMANN, REINHARD (1991). *Geschichte des deutschen Buchhandels.* München: C.H.Beck.

WOLF, MICHAELA (2006). „The female state of the art: Women in the ‚translation field'". In: Pym, Shlesinger & Jettmarová (Hg.), 137–141.

WOLF, MICHAELA (2007). „Introduction: The emergence of a sociology of translation". In: Wolf & Fukari (Hg.), 1–36.

WOLF, MICHAELA (2010). „Translationskultur versus Translationsfeld? Zu den ‚Spielregeln' translatorischer Funktionsweisen". In: Grbić, Hebenstreit, Vorderobermeier & Wolf (Hg.), 21–32.

WOLF, MICHAELA (2012). „The sociology of translation and its ‚activist turn'". In: *Translation and Interpreting Studies. The Journal of the American Translation and Interpreting Studies Association* 7 (2). Amsterdam: John Benjamins Publishing Company, 129–143.

WOLF, MICHAELA & FUKARI, ALEXANDRA (Hg.) (2007). *Constructing a Sociology of Translation.* Amsterdam/Philadelphia: Benjamins.

WOLF, MICHAELA & MESSNER, SABINE (2001). „Übersetzung aus aller Frauen Länder – eine Herausforderung". In: Messner & Wolf (Hg.), 13–20.

YU, ZHONGLI (2015). *Translating Feminism in China: Gender, Sexuality and Censorship.* Abingdon/New York: Routledge.

Internetquellen

DAMM, SIGRID (1997). *Caroline Schelling. Die Kunst zu leben – Briefe.* Leipzig/Frankfurt am Main: Insel Verlag. https://www.projekt-gutenberg.org/schellic/briefe/chap001.html (Stand: 22.09.2020).

FLACKER, HELMUT (2000). *Münzen und Währungen bei den Donauschwaben.* https://privat.genealogy.net/flacker/muenzen.html (Stand: 27.10.2020).

Hertz, Deborah (2009). „Dorothea Mendelssohn Schlegel". In: Jewish Women's Archive (Hg.). *Jewish Women: A Comprehensive Historical Encyclopedia*. https://jwa.org/encyclopedia/article/schlegel-dorothea-mendelssohn (Stand: 19.10.2020).

Höflechner, Walter; Wagner, Alexandra & Koitz-Arko, Gerrit (Hg.) (2018). *Joseph von Hammer-Purgstall: Briefe, Erinnerungen, Materialien. Teil 2/2.1: Briefe an und von Joseph von Hammer(-Purgstall) 1811–1820*. Version 2-2018. Graz: Adeva. http://gams.uni-graz.at/context:hp (Stand: 14.10.2020).

Kelletat, Andreas F. & Tashinskiy, Aleksy (o. J.). *Germersheimer Übersetzerlexikon – UeLEX*. http://uelex.de/ (Stand: 21.10.2020).

Martini, Fritz (1957). „Chézy, Wilhelmine von". In: *Neue Deutsche Biographie* 3. https://www.deutsche-biographie.de/pnd119360659.html#ndbcontent (Stand: 02.10.2020).

Schreiber, Michael (2017). *Marie Therese Wilhelmine HUBER, 1764–1829*. http://www.uelex.de/artiklar/Marie_Therese_Wilhelmine_HUBER (Stand: 23.09.2020).

Segebrecht, Wulf (1972). „Huber, Ludwig Ferdinand". In: *Neue Deutsche Biographie* 9. https://www.deutsche-biographie.de/pnd118554077.html#ndbcontent (Stand: 23.09.2020).

Shajkovcia, Liridon (Hg.) (o. J.). *Allgemeines Landrecht für die Preußischen Staaten (01.06.1794), Einleitung*. https://opinioiuris.de/quelle/1621 (Stand: 05.10.2020).

Shajkovcib, Liridon (Hg.) (o. J.). *Allgemeines Landrecht für die Preußischen Staaten (01.06.1794), Erster Theil*. https://opinioiuris.de/quelle/1622 (Stand: 05.10.2020).

Shajkovcic, Liridon (Hg.) (o. J.). *Allgemeines Landrecht für die Preußischen Staaten (01.06.1794), Zweyter Theil*. https://opinioiuris.de/quelle/1623 (Stand: 05.10.2020).

Stern, Carola (2007). „Schlegel, Dorothea von". In: *Neue Deutsche Biographie* 23, 42–43. https://www.deutsche-biographie.de/pnd118607979.html#ndbcontent (Stand: 23.10.2020).

Stott, Douglas W. (2009–2020). *Caroline. Briefe aus der Frühromantik Shakspeare*. https://www.carolineschelling.com/caroline-and-shakespeare/ (Stand: 13.10.2020).

Weber-Gesamtausgabe.de (o. J.). *Chézy, Helmina von*. https://weber-gesamtausgabe.de/de/A000288.html (Stand: 02.10.2020).

Zovko, Jure (2007). „Schlegel, Friedrich von". In: *Neue Deutsche Biographie* 23, 40–42. https://www.deutsche-biographie.de/pnd118607987.html#ndbcontent (Stand: 23.10.2020).

Anhang

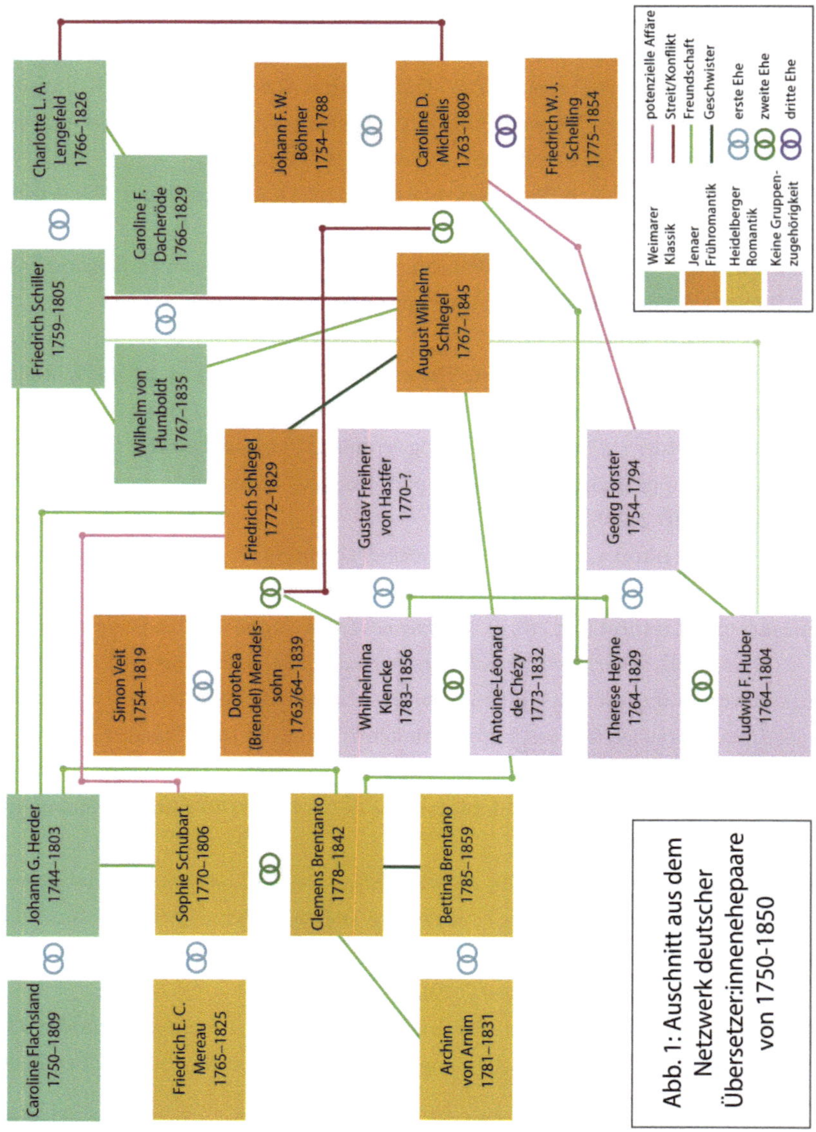

Abb. 1: Auschnitt aus dem Netzwerk deutscher Übersetzer:innenehepaare von 1750-1850

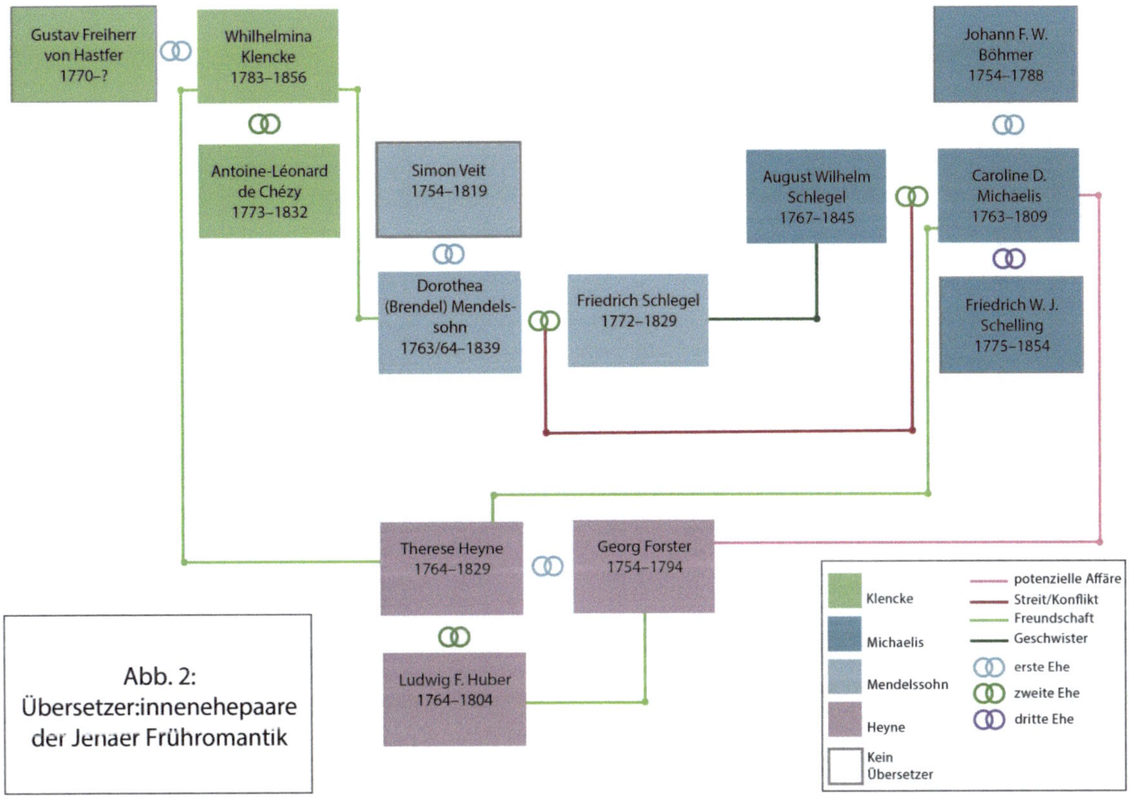

Abb. 2: Übersetzer:innenehepaare der Jenaer Frühromantik

TRANSKULTURALITÄT – TRANSLATION – TRANSFER

Bd. 1 Cornelia Zwischenberger: Qualität und Rollenbilder beim simultanen Konferenzdolmetschen. 434 Seiten. ISBN 978-3-86596-527-1

Bd. 2 Sarah Fünfer: Mensch oder Maschine? Dolmetscher und maschinelles Dolmetschsystem im Vergleich. 150 Seiten. ISBN 978-386596-548-6

Bd. 3 Dörte Andres/Martina Behr (Hg.): Die Wahrheit, die reine Wahrheit und nichts als die Wahrheit. Erinnerungen der russischen Dolmetscherin Tatjana Stupnikova an den Nürnberger Prozess. 242 Seiten. ISBN 978-3-7329-0005-3

Bd. 4 Larisa Schippel (Hg.): Magda Jeanrenaud: Universalien des Übersetzens. 332 Seiten. ISBN 978-3-86596-444-1

Bd. 5 Sylvia Reinart: Lost in Translation (Criticism)? Auf dem Weg zu einer konstruktiven Übersetzungskritik. 438 Seiten. ISBN 978-3-7329-0014-5

Bd. 6 Sophia Scherl: Die deutsche Übersetzungskultur in der zweiten Hälfte des 18. Jahrhunderts. Meta Forkel-Liebeskind und ihre Übersetzung der *Rights of Man*. 152 Seiten. ISBN 978-3-7329-0020-6

Bd. 7 Thomas Kammer: Basiswissen für Dolmetscher – Deutschland und Spanien. 204 Seiten. ISBN 978-3-7329-0035-0

Bd. 8 Dorothee Jacobs: Basiswissen für Dolmetscher – Deutschland und das Vereinigte Königreich Großbritannien und Nordirland. 192 Seiten. ISBN 978-3-7329-0036-7

Bd. 9 Sophia Roessler: Basiswissen für Dolmetscher – Deutschland und Italien. 212 Seiten. ISBN 978-3-7329-0039-8

Bd. 10 Annika Selnow: Basiswissen für Dolmetscher – Deutschland und Frankreich. 192 Seiten. ISBN 978-3-7329-0040-4

Bd. 11 Julia Richter: Translationshistoriographie. Perspektiven und Methoden. 186 Seiten. ISBN 978-3-7329-0937-7

Bd. 12 Alice Leal: Is the Glass Half Empty or Half Full? Reflections on Translation Theory and Practice in Brazil. 334 Seiten. ISBN 978-3-7329-0068-8

Bd. 13 Kristina Werner: Zwischen Neutralität und Propaganda – Französisch-Dolmetscher im Nationalsozialismus. 130 Seiten. ISBN 978-3-7329-0085-5

Bd. 14 Larisa Schippel/Magda Jeanrenaud/Julia Richter (Hg.): „Traducerile au de cuget să îmblînzească obiceiurile ...". Rumänische Übersetzungsgeschichte – Prozesse, Produkte, Akteure. 368 Seiten. ISBN 978-3-7329-0087-9

TRANSKULTURALITÄT – TRANSLATION – TRANSFER

Bd. 15 Elena Kalašnikova (Hg.): „Übersetzer sind die Wechselpferde der Aufklärung". Im Gespräch: Russische Übersetzerinnen und Übersetzer deutscher Literatur. 254 Seiten. ISBN 978-3-7329-0097-8

Bd. 16 Dörte Andres/Martina Behr (eds.): To Know How to Suggest ... Approaches to Teaching Conference Interpreting. 260 Seiten. ISBN 978-3-7329-0114-2

Bd. 17 Tatiana Bedson/Maxim Schulz: Sowjetische Übersetzungskultur in den 1920er und 1930er Jahren. Die Verlage *Vsemirnaja literatura* und *Academia*. 182 Seiten. ISBN 978-3-7329-0142-5

Bd. 18 Cécile Balbous: Das Sprachknaben-Institut der Habsburgermonarchie in Konstantinopel. 90 Seiten. ISBN 978-3-7329-0149-4

Bd. 19 Cornelia Zwischenberger/Martina Behr (eds.): Interpreting Quality: A Look Around and Ahead. 334 Seiten. ISBN 978-3-7329-0191-3

Bd. 20 Mehmet Tahir Öncü: Basiswissen für Dolmetscher – Deutschland und die Türkei. 232 Seiten. ISBN 978-3-7329-0154-8

Bd. 21 Marc Orlando: Training 21st century translators and interpreters: At the crossroads of practice, research and pedagogy. 158 Seiten. ISBN 978-3-7329-0245-3

Bd. 22 Christian Trollmann: Nationalsozialismus auf Japanisch? Deutsch-japanische Beziehungen 1933–1945 aus translationssoziologischer Sicht. 154 Seiten. ISBN 978-3-7329-0281-1

Bd. 23 Ursula Gross-Dinter (Hg.): Dolmetschen 3.0 – Einblicke in einen Beruf im Wandel. 226 Seiten. ISBN 978-3-7329-0188-3

Bd. 24 Lieven D'hulst/Carol O'Sullivan/Michael Schreiber (eds.): Politics, Policy and Power in Translation History. 256 Seiten. ISBN 978-3-7329-0173-9

Bd. 25 Dörte Andres/Julia Richter/Larisa Schippel (Hg.): Translation und „Drittes Reich". Menschen – Entscheidungen – Folgen. 352 Seiten. ISBN 978-3-7329-0302-3

Bd. 26 Julia Richter/Cornelia Zwischenberger/Stefanie Kremmel/Karlheinz Spitzl (Hg.): (Neu-)Kompositionen. Aspekte transkultureller Translationswissenschaft. 404 Seiten. ISBN 978-3-7329-0306-1

Bd. 27 Barbara den Ouden: Translation und Emotion: Untersuchung einer besonderen Komponente des Dolmetschens. 438 Seiten. ISBN 978-3-7329-0304-7

Bd. 28 Larisa Schippel/Cornelia Zwischenberger (eds.): Going East: Discovering New and Alternative Traditions in Translation Studies. 540 Seiten. ISBN 978-3-7329-0335-1

Frank & Timme

TRANSKULTURALITÄT – TRANSLATION – TRANSFER

Bd. 29 Dörte Andres/Klaus Kaindl/Ingrid Kurz (Hg.): Dolmetscherinnen und Dolmetscher im Netz der Macht. Autobiographisch konstruierte Lebenswege in autoritären Regimen. 280 Seiten. ISBN 978-3-7329-0336-8

Bd. 30 Martina Behr/Sabine Seubert (Hg.): Education is a Whole-Person Process. Von ganzheitlicher Lehre, Dolmetschforschung und anderen Dingen. 516 Seiten. ISBN 978-3-7329-0324-5

Bd. 31 Simone Kellner: Basiswissen für Dolmetscher und Übersetzer – Österreich. 108 Seiten. ISBN 978-3-7329-0370-2

Bd. 32 Simon Zupan/Aleksandra Nuč (eds.): Interpreting Studies at the Crossroads of Disciplines. 204 Seiten. ISBN 978-3-7329-0045-9

Bd. 33 Hilke Effinghausen: Zwischen Neutralität und Propaganda – Spanisch-Dolmetscher im Nationalsozialismus. 178 Seiten. ISBN 978-3-7329-0394-8

Bd. 34 Lars Felgner: Nonverbale Kommunikation beim medizinischen Dolmetschen. 428 Seiten. ISBN 978-3-7329-0386-3

Bd. 35 Annika Schlesiger: Berufsschutz für Übersetzer und Dolmetscher in Deutschland. Vergangenheit – Gegenwart – und Zukunft? 200 Seiten. ISBN 978-3-7329-0408-2

Bd. 36 Lena Skalweit: Dolmetscher und ihre Ausbildung im Zeitalter der europäischen Expansion. Osmanisches Reich und Afrika. 312 Seiten. ISBN 978-3-7329-0371-9

Bd. 37 Samantha Blai: Basiswissen für Dolmetscher und Übersetzer – Deutschland und Polen. 306 Seiten. ISBN 978-3-7329-0446-4

Bd. 38 Jette Knapp: Basiswissen für Dolmetscher und Übersetzer – Deutschland und USA. 248 Seiten. ISBN 978-3-7329-0447-1

Bd. 39 Thomas Baumgart/Mona Gerlach: Basiswissen für Dolmetscher und Übersetzer – Deutschland und Spanien. 254 Seiten. ISBN 978-3-7329-0465-5

Bd. 40 Amrei Bahr/Katja Hagedorn: Basiswissen für Dolmetscher und Übersetzer – Deutschland und das Vereinigte Königreich Großbritannien und Nordirland. 236 Seiten. ISBN 978-3-7329-0467-9

Bd. 41 Saskia Isabelle Riemke/Eleonora Pepe: Basiswissen für Dolmetscher und Übersetzer – Deutschland und Italien. 276 Seiten. ISBN 978-3-7329-0468-6

Bd. 42 Miriam Heike Schroers: Basiswissen für Dolmetscher und Übersetzer – Deutschland und Frankreich. 280 Seiten. ISBN 978-3-7329-0485-3

Bd. 43 Charlotte P. Kieslich: Dolmetschen im Nationalsozialismus. Die Reichsfachschaft für das Dolmetscherwesen (RfD). 428 Seiten. ISBN 978-3-7329-0515-7

TRANSKULTURALITÄT – TRANSLATION – TRANSFER

Bd. 44 Viktoria Fedorovskaja/Tatiana Yudina: Basiswissen für Dolmetscher und Übersetzer – Deutschland und Russland. 264 Seiten. ISBN 978-3-7329-0487-7

Bd. 45 Ke Liu: Basiswissen für Dolmetscher und Übersetzer – Deutschland und China. 228 Seiten. ISBN 978-3-7329-0527-0

Bd. 46 Antonina Lakner: Peter de Mendelssohn – Translation, Identität und Exil. 414 Seiten. ISBN 978-3-7329-0491-4

Bd. 47 Sabine Seubert: Visuelle Informationen beim Simultandolmetschen. Eine Eyetracking-Studie. 402 Seiten. ISBN 978-3-7329-0572-0

Bd. 48 Kimberly Dinnissen/Rob Soons: Basiswissen für Dolmetscher und Übersetzer – Deutschland und die Niederlande. 270 Seiten. ISBN 978-3-7329-0583-6

Bd. 49 Martina Behr: Dolmetschen: Komplexität, Methodik, Modellierung. 288 Seiten. ISBN 978-3-7329-0635-2

Bd. 50 Aleksey Tashinskiy/Julija Boguna/Andreas F. Kelletat (Hg.): Übersetzer und Übersetzen in der DDR. Translationshistorische Studien. 292 Seiten. ISBN 978-3-7329-0698-7

Bd. 51 Kate Reiserer: Vier Übersetzerinnen und ihre neun Ehemänner. Ehe und Übersetzung in der Romantik. 154 Seiten. ISBN 978-3-7329-0755-7

Bd. 52 Larisa Schippel/Julia Richter (Hg.): Translation und „Drittes Reich". Translationsgeschichte als methodologische Herausforderung. 370 Seiten. ISBN 978-3-7329-0661-1

Bd. 53 Aleksey Tashinskiy/Julija Boguna/Tomasz Rozmysłowicz (Hg.): Translation und Exil (1933–1945) I. Namen und Orte. Recherchen zur Geschichte des Übersetzens. 494 Seiten. ISBN 978-3-7329-0744-1

Bd. 54 Hildegard Maria Mader: Von Paris nach Kairo: Wissenstransfer im *Paris-Bericht* Rifā'a Rāfi' aṭ-Ṭahṭāwīs. Ein Beitrag zur Übersetzungsgeschichte Ägyptens im 19. Jahrhundert. 118 Seiten. ISBN 978-3-7329-0841-7

Bd. 55 Yafen Zhao: Take it or leave it? Notationstechnik beim Konsekutivdolmetschen Chinesisch–Deutsch. 276 Seiten. ISBN 978-3-7329-0871-4

Bd. 56 Hannah Spannring: Lore Segal – Ein translatorisches Porträt im Kontext Exil. 238 Seiten. ISBN 978-3-7329-0901-8

Bd. 57 Cornelia Zwischenberger/Alexa Alfer (eds.): Translaboration in Analogue and Digital Practice: Labour, Power, Ethics. 252 Seiten. ISBN 978-3-7329-0913-1

Frank & Timme